150
ITALIAN-ENGLISH
CONVERSATIONS

"Impara l'italiano e apri le porte a nuove opportunità e cultura!"

"Learn Italian and open doors to new opportunities and culture!"

ISBN: 9798305963588

© 2025 Hayasuf Jawa. All rights reserved.
No part of this book may be reproduced, stored in a retrieval system, or transmitted in any form or by any means, electronic, mechanical, photocopying, recording, or otherwise, without the prior written permission of the author.

Tips for Mastering Italian with Confidence

Dear Readers,
Thank you for picking up "150 Italian-English Conversations." Learning a new language is a journey filled with excitement and discovery, and I'm thrilled to be a part of yours. Whether you are just beginning or want to improve your skills, here are a few tips to help you along the way:

1. **Consistency is Key**: Dedicate a little time each day to practicing. Even 10–15 minutes can make a huge difference over time. The more you immerse yourself, the faster you'll progress.
2. **Practice Speaking Out Loud**: Don't be shy! The best way to learn is to hear yourself speak. Practice these conversations aloud to get comfortable with the sounds and flow of the language.
3. **Focus on Conversations**: Instead of worrying about grammar, start with useful phrases that help you navigate real-life situations. This book is designed to help you engage in everyday conversations with ease.
4. **Be Patient**: Language learning takes time, but every word you learn brings you closer to mastering Italian. Celebrate your small victories and keep pushing forward!
5. **Use it in Real Life**: Don't wait until you're "fluent" to use your Italian. Practice with native speakers, online or in person, and don't be afraid to make mistakes—that's part of the learning process.

Learning a language opens doors to new cultures, people, and experiences. With this book, you're not just learning words—you're gaining the confidence to connect with others in a meaningful way. Keep at it, and before you know it, Italian will become second nature to you!

Buona fortuna! (Good luck!)

Hayasuf Jawa

CONTENTS

Tips for Mastering Italian with Confidence I
CONTENTS II
1. Introduzioni e Saluti: Rompere il Ghiaccio 1
2. Al Bar: Ordinare un Caffè Perfetto 2
3. Fare la Spesa: Al Mercato Italiano 3
4. In Viaggio: Conversazioni in Aeroporto 4
5. Albergo: Prenotare una Camera 5
6. Chiacchiere al Parco: Una Passeggiata in Italia 6
7. Richiedere Indicazioni: Come Arrivare a Destinazione 7
8. Comprare un Biglietto: Alla Stazione dei Treni 8
9. Una Cena Italiana: Ordinare al Ristorante 9
10. Shopping: Comprare Vestiti in Italia 10
11. In Farmacia: Chiedere Consiglio 11
12. Alla Stazione di Servizio: Fare il Pieno 12
13. Conversazione con un Taxista 13
14. Lavorare in Italia: Colloquio di Lavoro 15
15. Fissare un Appuntamento dal Medico 17
16. Acquistare Casa: Parlando con l'Agenzia Immobiliare 19
17. Conversare con un Vicino di Casa 21
18. Una Visita dal Dentista 23
19. Un Giro in Bicicletta: Conversazioni con Amici 25
20. Organizzare una Festa di Compleanno 27
21. Parlare di Meteo: Il Tempo in Italia 29
22. Chiedere e Dare Consigli su Film Italiani 31
23. Prenotare una Vacanza in Italia 33
24. Un Pic-nic al Parco: Cosa Portare? 35
25. Visitare un Museo: Comprendere l'Arte Italiana 36

26. Discutere di Politica Italiana 38
27. Una Partita di Calcio: Tifare per la Squadra del Cuore 40
28. Chiacchierare su Serie TV Italiane 42
29. Al Supermercato: Scegliere i Prodotti Giusti 44
30. Un Appuntamento Romantico: Cosa Dire? 46
31. Richiedere il Menù in un Ristorante 48
32. Al Cinema: Prenotare un Biglietto 50
33. Conversazione al Posto di Lavoro 52
34. Parlare di Viaggi: Consigli su Dove Andare 54
35. Al Negozio di Alimentari: Fare la Spesa Locale 56
36. Visitare un Amico Malato 58
37. Descrivere una Giornata Tipica in Italia 60
38. Parlare di Hobbies e Tempo Libero 62
39. Fare un Complimento a Qualcuno 64
40. Un Viaggio in Montagna: Conversazioni durante l'Escursione 66
41. Visitare un Castello in Italia 68
42. Discutere un Libro: I Preferiti Italiani 69
43. Chiedere Informazioni su una Scuola 70
44. Conversazioni in Spiaggia: Una Giornata al Mare 71
45. Al Festival Locale: Partecipare agli Eventi 72
46. Parlare di Famiglia: Tradizioni Italiane 73
47. Avere un Malinteso in Italiano: Come Risolverlo 75
48. In Pizzeria: Ordinare una Pizza Speciale 76
49. Discutere di Tecnologia 77
50. Al Mercato del Pesce: Acquistare Prodotti Freschi 79
51. Una Conversazione con il Fabbro 80
52. Scegliere un Regalo: Idee per Tutte le Occasioni 81
53. In Panetteria: Ordinare Pane e Dolci 82
54. Parlare di Storia Italiana: Discussione Leggera 83
55. Visitare una Fiera dell'Artigianato 84
56. Una Giornata in Fattoria: Esperienze Italiane 85

57. Fare una Prenotazione in un Agriturismo 87
58. Cucinare insieme: Ricette Italiane 89
59. Andare a Teatro: Prenotare i Posti 91
60. Fare un Complimento sul Look 92
61. Discutere la Cultura del Caffè in Italia 93
62. Visitare una Cantina: Conversazione sul Vino 95
63. Prenotare un Tavolo in un Ristorante Stellato 97
64. Acquistare Fiori per un Evento Speciale 98
65. Un Incontro d'Affari: Linguaggio Formale 99
66. Discutere di Arte Moderna 100
67. Al Lavasecco: Come Funziona? 101
68. Fare un Reclamo: Risolvere un Problema 102
69. Chiacchierare su Vacanze Future 104
70. Fare Shopping di Lusso: Comprare in Boutique 106
71. Conversare sul Natale in Italia 107
72. Raccontare una Storia del Passato 108
73. Parlare di Cibo Tradizionale Regionale 109
74. Conversare su una Ricetta Segreta 110
75. Discutere di Calcio: La Passione Italiana 111
76. Descrivere una Vacanza Indimenticabile 112
77. Al Bancomat: Chiedere Informazioni 113
78. Chiacchiere da Bar: Notizie e Curiosità 114
79. Fare un Reso in un Negozio di Abbigliamento 115
80. Raccontare una Barzelletta Italiana 116
81. Descrivere un Evento Familiare Importante 117
82. Parlare di Studi e Università 119
83. Discutere di Moda: Tendenze Italiane 121
84. Andare a un Concerto: Prenotare i Biglietti 122
85. Visitare un'Amica Italiana a Casa 124
86. Acquistare Souvenir Italiani 126
87. Parlare di Sport Estremi 127

88. Chiedere Consigli per il Fitness 128
89. Visitare un Centro Benessere: Trattamenti Relax 130
90. Un Giro in Barchetta: Conversazioni su Lago 131
91. Discussione su Auto d'Epoca Italiane 132
92. Parlare di Film Classici Italiani 133
93. Al Corso di Cucina: Imparare a Cucinare Italiano 134
94. Discutere di Viaggi in Treno 135
95. Visitare la Campagna Italiana 136
96. Acquistare un Orologio in Gioielleria 137
97. Chiacchierare sulla Vita da Studente 138
98. Parlare di Nuove Tecnologie in Italia 139
99. Al Circolo del Libro: Discussione di Lettura 141
100. Organizzare un Matrimonio Italiano 142
101. Al Corso di Lingua: Imparare l'Italiano 143
102. Discutere di Cibo Biologico 144
103. Fare una Passeggiata per le Vie di Roma 145
104. Chiedere Informazioni su un Tour Guidato 146
105. Descrivere un Panorama Italiano 147
106. Visitare un'Azienda di Moda 148
107. Fare Volontariato in Italia 149
108. Discutere su Come Aprire un Conto in Banca 150
109. Parlare di Eventi Sportivi Italiani 151
110. Acquistare Libri in una Libreria Locale 152
111. Conversare su Piatti Vegetariani Italiani 153
112. Discutere un Viaggio in Sicilia 155
113. Andare a una Sagra Paesana 157
114. Acquistare Gioielli per un Anniversario 159
115. Al Negozi di Musica: Comprare Dischi Italiani 161
116. Un Viaggio nella Storia Italiana 163
117. Discutere il Palio di Siena 164
118. Fare Amicizia in Italia: Come Iniziare 165

119.	Organizzare una Gita al Mare	167
120.	Parlare di Fotografia e Arte Visiva	168
121.	Fare un Progetto di Volontariato	169
122.	Chiacchierare su Tradizioni Natalizie	170
123.	Fare una Scampagnata Italiana	171
124.	Discussione su Mostre d'Arte	172
125.	Conversare su Antiche Tradizioni Italiane	173
126.	Un Incontro di Lavoro a Milano	174
127.	Discutere di Politica Italiana Moderna	176
128.	Acquistare Arte in una Galleria	178
129.	Parlare di Letteratura Italiana	180
130.	Fare Amicizia con un Italiano	182
131.	Conversare su Abitudini Alimentari	183
132.	Visitare una Città Medievale Italiana	184
133.	Acquistare Biglietti per uno Spettacolo	185
134.	Parlare di Cultura Digitale in Italia	186
135.	Fare un Giro in Vespa: Conversazione	188
136.	Discutere la Musica Italiana Contemporanea	189
137.	Chiacchiere con un Artista di Strada	191
138.	Conversare con un Tatuatore Italiano	193
139.	Discutere di Viaggi in Auto in Italia	195
140.	Descrivere il Carnevale di Venezia	197
141.	Un Tour Gastronomico Italiano	199
142.	Parlare di Corsi Universitari in Italia	201
143.	Acquistare Vino per una Cena Elegante	202
144.	Chiedere Informazioni su un Bed & Breakfast	203
145.	Discutere i Giochi Olimpici Invernali Italiani	205
146.	Parlare di Film d'Autore Italiani	206
147.	Fare Domande su Programmi Televisivi Italiani	208
148.	Conversare con un Panettiere Italiano	210
149.	Parlare di Scultura Italiana	211

150. Acquistare Prodotti Italiani Online 213
Grazie Mille 214

1. Introduzioni e Saluti: Rompere il Ghiaccio
Introductions and Greetings: Breaking the Ice

Anna: Ciao! Come ti chiami?
Hi! What's your name?

Marco: Ciao! Mi chiamo Marco. E tu?
Hi! My name is Marco. And yours?

Anna: Piacere, Marco! Io sono Anna. Da dove vieni?
Nice to meet you, Marco! I'm Anna. Where are you from?

Marco: Vengo da Roma. E tu?
I'm from Rome. And you?

Anna: Io vengo da Milano. Sei qui per lavoro o per vacanza?
I'm from Milan. Are you here for work or vacation?

Marco: Sono qui per lavoro. E tu?
I'm here for work. And you?

Anna: Sono qui in vacanza. Hai qualche consiglio su cosa visitare?
I'm here on vacation. Any advice on what to visit?

Marco: Sicuro! Il Colosseo è imperdibile.
Sure! The Colosseum is a must-see.

2. Al Bar: Ordinare un Caffè Perfetto
At the Bar: Ordering the Perfect Coffee

Sofia: Buongiorno! Vorrei un caffè, per favore.
Good morning! I'd like a coffee, please.

Barista: Certo! Un espresso o preferisci qualcosa di diverso?
Sure! An espresso or would you like something else?

Sofia: Hmm, magari un cappuccino.
Hmm, maybe a cappuccino.

Barista: Vuoi il cappuccino normale o con latte di soia?
Do you want a regular cappuccino or with soy milk?

Sofia: Normale, grazie. E anche con una brioche.
Regular, thanks. And also with a croissant.

Barista: Con zucchero il cappuccino?
Do you want sugar in the cappuccino?

Sofia: No, senza zucchero.
No, without sugar.

Barista: Perfetto! Un attimo e te lo porto.
Perfect! Just a moment, and I'll bring it to you.

3. Fare la Spesa: Al Mercato Italiano
Grocery Shopping: At the Italian Market

Linda: Buongiorno! Quanto costano questi pomodori?
Good morning! How much are these tomatoes?

Venditore: Buongiorno! Sono 2 euro al chilo.
Good morning! They are 2 euros per kilo.

Linda: Bene, ne prendo un chilo.
Great, I'll take one kilo.

Venditore: Vuoi altro? Abbiamo anche delle zucchine fresche.
Would you like anything else? We also have fresh zucchini.

Linda: Sì, un mezzo chilo di zucchine, per favore.
Yes, half a kilo of zucchini, please.

Venditore: Ecco a te. Altro?
Here you go. Anything else?

Linda: No, grazie. Quanto ti devo?
No, thank you. How much do I owe you?

Venditore: Sono 3 euro in totale.
It's 3 euros total.

Linda: Ecco a te. Grazie e buona giornata!
Here you go. Thanks, and have a nice day!

Venditore: Grazie a te! Buona giornata anche a te!
Thank you! Have a nice day too!

4. In Viaggio: Conversazioni in Aeroporto
Traveling: Conversations at the Airport

Luca: Scusi, dov'è il banco del check-in per il volo per Milano?
Excuse me, where is the check-in desk for the flight to Milan?

Addetto: Il banco è al Terminal 2, proprio in fondo a questa sala.
The desk is at Terminal 2, right at the end of this hall.

Luca: Grazie! Devo essere lì due ore prima, giusto?
Thank you! I need to be there two hours before, right?

Addetto: Esattamente. Hai già fatto il check-in online?
Exactly. Have you already checked in online?

Luca: Sì, l'ho fatto. Devo solo lasciare il bagaglio.
Yes, I did. I just need to drop off my luggage.

Addetto: Perfetto! Puoi usare la corsia "Bag Drop" allora.
Perfect! You can use the "Bag Drop" lane then.

Luca: Grazie mille!
Thank you very much!

Addetto: Prego, buon viaggio!
You're welcome, have a nice trip!

5. Albergo: Prenotare una Camera
Hotel: Booking a Room

Giulia: Buonasera! Vorrei prenotare una camera per due notti, per favore.
Good evening! I'd like to book a room for two nights, please.

Receptionist: Certo! Preferisce una camera singola o doppia?
Sure! Would you prefer a single or double room?

Giulia: Una camera doppia, per favore.
A double room, please.

Receptionist: Va bene. Desidera la colazione inclusa?
Alright. Would you like breakfast included?

Giulia: Sì, grazie. Quanto costa a notte?
Yes, thank you. How much is it per night?

Receptionist: Sono 120 euro a notte con colazione inclusa.
It's 120 euros per night, with breakfast included.

Giulia: Perfetto. Posso pagare con carta di credito?
Perfect. Can I pay by credit card?

Receptionist: Certamente. Ecco il terminale per il pagamento.
Certainly. Here's the card terminal for payment.

Giulia: Grazie mille!
Thank you very much!

Receptionist: Prego, buona permanenza!
You're welcome, enjoy your stay!

6. Chiacchiere al Parco: Una Passeggiata in Italia
Chit-Chat at the Park: A Walk in Italy

Matteo: Che bella giornata oggi, vero?
What a beautiful day today, isn't it?

Francesca: Sì, davvero! Perfetta per una passeggiata al parco.
Yes, indeed! Perfect for a walk in the park.

Matteo: Vieni spesso qui?
Do you come here often?

Francesca: Sì, almeno una volta a settimana. Mi rilassa molto. E tu?
Yes, at least once a week. It relaxes me a lot. And you?

Matteo: Anch'io, soprattutto quando voglio prendere una pausa dal lavoro.
Me too, especially when I want to take a break from work.

Francesca: Capisco! Hai un posto preferito nel parco?
I see! Do you have a favorite spot in the park?

Matteo: Sì, mi piace sedermi vicino al laghetto. È molto tranquillo lì.
Yes, I like sitting by the pond. It's very peaceful there.

Francesca: Oh, bello! Devo provare a fare un giro lì la prossima volta.
Oh, nice! I'll have to check it out next time.

7. Richiedere Indicazioni: Come Arrivare a Destinazione
Asking for Directions: How to Reach Your Destination

Luca: Scusi, potrebbe dirmi come arrivare al museo?
Excuse me, could you tell me how to get to the museum?

Paolo: Certo! È abbastanza vicino. Vai dritto per questa strada, poi giri a sinistra al secondo semaforo.
Sure! It's quite close. Go straight down this road, then turn left at the second traffic light.

Luca: E dopo il semaforo?
And after the traffic light?

Paolo: Dopo il semaforo, continua per circa 200 metri. Il museo sarà sulla tua destra.
After the traffic light, continue for about 200 meters. The museum will be on your right.

Luca: Ah, perfetto. Quanto ci vuole a piedi?
Ah, perfect. How long does it take on foot?

Paolo: Circa 10 minuti, non è lontano.
About 10 minutes, it's not far.

Luca: Ottimo, grazie mille!
Great, thanks a lot!

Paolo: Di nulla! Se ti perdi, chiedi di nuovo.
No problem! If you get lost, just ask again.

8. Comprare un Biglietto: Alla Stazione dei Treni
Buying a Ticket: At the Train Station

Sara: Buongiorno, vorrei comprare un biglietto per Firenze, per favore.
Good morning, I'd like to buy a ticket to Florence, please.

Bigliettaio: Buongiorno! Vuole un biglietto di sola andata o di andata e ritorno?
Good morning! Do you want a one-way ticket or a round-trip ticket?

Sara: Andata e ritorno, per favore.
Round-trip, please.

Bigliettaio: Quando vuole tornare?
When would you like to return?

Sara: Domani sera, se possibile.
Tomorrow evening, if possible.

Bigliettaio: Va bene. C'è un treno alle 19:00. Va bene per lei?
Alright. There's a train at 7:00 PM. Is that okay for you?

Sara: Sì, perfetto. Quanto costa?
Yes, perfect. How much is it?

Bigliettaio: Sono 50 euro in totale.
It's 50 euros in total.

Sara: Ecco a lei. Grazie!
Here you go. Thank you!

Bigliettaio: Prego! Buon viaggio!
You're welcome! Have a good trip!

9. Una Cena Italiana: Ordinare al Ristorante
An Italian Dinner: Ordering at the Restaurant

Marco: Buonasera! Avete un tavolo per due?
Good evening! Do you have a table for two?

Cameriere: Buonasera! Sì, prego, seguitemi. Ecco il menu.
Good evening! Yes, please follow me. Here's the menu.

Marco: Grazie! Qual è il piatto del giorno?
Thank you! What's the dish of the day?

Cameriere: Oggi abbiamo lasagne alla bolognese e risotto ai funghi.
Today we have lasagna Bolognese and mushroom risotto.

Marco: Mi può portare le lasagne, per favore.
I'll have the lasagna, please.

Cameriere: Certamente. E da bere?
Of course. And to drink?

Marco: Una bottiglia di acqua frizzante e un bicchiere di vino rosso.
A bottle of sparkling water and a glass of red wine.

Cameriere: Perfetto, arriva subito.
Perfect, it'll be right up.

Marco: Grazie mille!
Thank you very much!

10. Shopping: Comprare Vestiti in Italia
Shopping: Buying Clothes in Italy

Elena: Buongiorno! Posso provare questo vestito?
Good morning! Can I try on this dress?

Commessa: Certo! I camerini sono lì in fondo. Che taglia preferisce?
Of course! The fitting rooms are at the back. What size do you prefer?

Elena: Una taglia 42, per favore.
A size 42, please.

Commessa: Ecco a lei. Se ha bisogno di altre taglie, mi faccia sapere.
Here you go. If you need other sizes, just let me know.

[Dopo aver provato il vestito]
[After trying on the dress]

Elena: Mi piace molto, ma avete anche altri colori?
I like it a lot, but do you have other colors?

Commessa: Sì, lo abbiamo anche in rosso e blu.
Yes, we have it in red and blue as well.

Elena: Perfetto, lo prendo in blu. Quanto costa?
Perfect, I'll take it in blue. How much is it?

Commessa: Costa 80 euro.
It's 80 euros.

Elena: Va bene, lo prendo. Grazie!
Alright, I'll take it. Thank you!

Commessa: Prego! Buona giornata!
You're welcome! Have a nice day!

11. In Farmacia: Chiedere Consiglio
At the Pharmacy: Asking for Advice

Giulia: Buongiorno! Ho bisogno di un consiglio, per favore.
Good morning! I need some advice, please.

Farmacista: Buongiorno! Certo, come posso aiutarla?
Good morning! Of course, how can I help you?

Giulia: Mi sento un po' giù e ho mal di gola. Cosa mi consiglia?
I'm feeling a bit under the weather and I have a sore throat. What do you recommend?

Farmacista: Potrei suggerirle delle pastiglie per la gola e uno spray disinfettante. Vuole qualcosa anche per rafforzare il sistema immunitario?
I could recommend throat lozenges and a disinfectant spray. Would you like something to boost your immune system as well?

Giulia: Sì, magari della vitamina C.
Yes, maybe some vitamin C.

Farmacista: Perfetto, abbiamo delle compresse effervescenti alla vitamina C.
Perfect, we have effervescent vitamin C tablets.

Giulia: Benissimo, le prendo. Quanto le devo?
Great, I'll take them. How much do I owe you?

Farmacista: Sono 15 euro in totale.
It's 15 euros in total.

Giulia: Grazie mille!
Thank you very much!

Farmacista: Prego! Guarisca presto!
You're welcome! Get well soon!

12. Alla Stazione di Servizio: Fare il Pieno
At the Gas Station: Filling Up

Luca: Buongiorno! Mi può fare il pieno di benzina, per favore?
Good morning! Could you fill it up with gasoline, please?

Addetto: Certo! Vuole la benzina normale o senza piombo?
Of course! Do you want regular or unleaded gasoline?

Luca: Senza piombo, grazie.
Unleaded, please.

Addetto: Va bene. Ha bisogno di controllare anche l'olio o la pressione delle gomme?
Alright. Do you need me to check the oil or the tire pressure as well?

Luca: Sì, controlli anche la pressione delle gomme, per favore.
Yes, please check the tire pressure as well.

Addetto: Fatto. Le gomme sono a posto. Il totale è di 60 euro.
Done. The tires are fine. The total is 60 euros.

Luca: Perfetto, ecco a lei.
Perfect, here you go.

Addetto: Grazie! Buona giornata!
Thank you! Have a nice day!

Luca: Grazie, altrettanto!
Thanks, you too!

13. Conversazione con un Taxista
Conversation with a Taxi Driver

Cliente: Buongiorno! Può portarmi in Piazza Duomo, per favore?
Good morning! Can you take me to Piazza Duomo, please?

Taxista: Certo! Vuole prendere la strada più veloce o preferisce fare un percorso panoramico?
Sure! Do you want to take the fastest route or would you prefer a scenic one?

Cliente: La più veloce, per favore. Ho un appuntamento tra mezz'ora.
The fastest, please. I have an appointment in half an hour.

Taxista: Nessun problema, dovremmo arrivarci in tempo. È la prima volta che visita la città?
No problem, we should get there on time. Is it your first time visiting the city?

Cliente: No, sono già stato qui qualche volta per lavoro, ma non ho mai avuto il tempo di fare il turista.
No, I've been here a few times for work, but I've never had time to be a tourist.

Taxista: Capisco. Se ha tempo libero più tardi, le consiglio di visitare il Castello Sforzesco.
I see. If you have free time later, I recommend visiting the Sforza Castle.

Cliente: Grazie del consiglio! Forse ci farò un salto dopo il mio appuntamento.
Thanks for the tip! I might check it out after my appointment.

Taxista: Eccoci arrivati! Sono 15 euro.
Here we are! That'll be 15 euros.

Cliente: Ecco a lei. Grazie e buona giornata!
Here you go. Thanks and have a nice day!

Taxista: Grazie a lei! Buona giornata!
Thank you! Have a good day!

14. Lavorare in Italia: Colloquio di Lavoro
Working in Italy: A Job Interview

Intervistatore: Buongiorno e benvenuto! Può parlarmi un po' di lei?
Good morning and welcome! Can you tell me a bit about yourself?

Candidato: Buongiorno! Certo. Mi chiamo Andrea Rossi e ho una laurea in Economia. Ho lavorato per cinque anni nel settore del marketing.
Good morning! Of course. My name is Andrea Rossi, and I have a degree in Economics. I've worked in the marketing sector for five years.

Intervistatore: Ottimo. Quali sono le sue competenze principali?
Great. What are your main skills?

Candidato: Ho esperienza nella gestione di campagne pubblicitarie, analisi di mercato e strategie di vendita. Sono anche bravo a lavorare in team.
I have experience in managing advertising campaigns, market analysis, and sales strategies. I'm also good at working in teams.

Intervistatore: Molto bene. Come si vede tra cinque anni?
Very good. Where do you see yourself in five years?

Candidato: Vorrei crescere professionalmente e assumere un ruolo di responsabilità nella gestione di progetti strategici.
I'd like to grow professionally and take on a leadership role in managing strategic projects.

Intervistatore: Perfetto. Ha domande per noi?
Perfect. Do you have any questions for us?

Candidato: Sì, vorrei sapere di più sulle opportunità di formazione all'interno dell'azienda.
Yes, I'd like to know more about the training opportunities within the company.

Intervistatore: Offriamo diversi programmi di formazione continua per sviluppare le competenze dei nostri dipendenti.
We offer various ongoing training programs to develop our employees' skills.

Candidato: Ottimo, mi sembra molto interessante!
Great, that sounds very interesting!

Intervistatore: Bene, la ringrazio per il suo tempo. La contatteremo nei prossimi giorni.
Well, thank you for your time. We will contact you in the coming days.

Candidato: Grazie a lei! Attendo notizie con piacere.
Thank you! I look forward to hearing from you.

Intervistatore: Buona giornata!
Have a nice day!

Candidato: Grazie, altrettanto!
Thanks, you too!

15. Fissare un Appuntamento dal Medico
Booking a Doctor's Appointment

Paziente: Buongiorno, vorrei fissare un appuntamento con il dottore, per favore.
Good morning, I'd like to book a doctor's appointment, please.

Segretaria: Certo, quale giorno e orario preferisce?
Of course, what day and time do you prefer?

Paziente: Potrei avere un appuntamento domani mattina?
Could I have an appointment tomorrow morning?

Segretaria: Vediamo... Domani mattina abbiamo posto alle 10:30. Va bene?
Let's see... We have an opening tomorrow morning at 10:30. Is that okay?

Paziente: Sì, va benissimo.
Yes, that works perfectly.

Segretaria: Perfetto, le ho fissato l'appuntamento. Ha già visitato il nostro studio prima?
Great, I've scheduled your appointment. Have you visited our office before?

Paziente: No, è la prima volta.
No, it's my first time.

Segretaria: Bene, allora le chiederemo di arrivare 15 minuti prima per compilare alcuni moduli.
Alright, then we'll ask you to arrive 15 minutes early to fill out some forms.

Paziente: Va bene, grazie mille!
Alright, thank you very much!

Segretaria: Prego, ci vediamo domani.
You're welcome, see you tomorrow.

Paziente: A domani!
See you tomorrow!

16. Acquistare Casa: Parlando con l'Agenzia Immobiliare
Buying a House: Talking with the Real Estate Agent

Mario: Buongiorno! Vorrei avere delle informazioni su una casa in vendita.
Good morning! I'd like some information about a house for sale.

Agente: Certamente! Che tipo di casa sta cercando?
Of course! What type of house are you looking for?

Mario: Sto cercando una casa con tre camere da letto e un giardino.
I'm looking for a house with three bedrooms and a garden.

Agente: Abbiamo diverse opzioni. Preferisce una casa in centro o in periferia?
We have several options. Do you prefer a house in the city center or the suburbs?

Mario: In periferia, preferisco una zona tranquilla.
In the suburbs, I prefer a quiet area.

Agente: Capisco. Abbiamo una casa che potrebbe interessarle. Ha bisogno di un garage?
I see. We have a house that might interest you. Do you need a garage?

Mario: Sì, sarebbe perfetto. Possiamo fissare un appuntamento per vederla?
Yes, that would be perfect. Can we schedule a viewing?

Agente: Certo! Quando le farebbe comodo?
Of course! When would be convenient for you?

Mario: Sabato pomeriggio sarebbe l'ideale.
Saturday afternoon would be ideal.

Agente: Va bene, appuntamento fissato per sabato alle 15:00.
Alright, the appointment is set for Saturday at 3:00 PM.

Mario: Perfetto, grazie mille!
Perfect, thank you very much!

Agente: Grazie a lei! Ci vediamo sabato.
Thank you! See you on Saturday.

Mario: A presto!
See you soon!

17. Conversare con un Vicino di Casa
Talking to a Neighbor

Anna: Buongiorno! Mi chiamo Anna, sono la nuova vicina.
Good morning! My name is Anna, I'm the new neighbor.

Giovanni: Ciao, Anna! Piacere di conoscerti, io sono Giovanni. Benvenuta nel quartiere!
Hi, Anna! Nice to meet you, I'm Giovanni. Welcome to the neighborhood!

Anna: Grazie! Sto ancora sistemando la casa, ma mi piace molto la zona.
Thank you! I'm still getting the house organized, but I really like the area.

Giovanni: È un bel posto. Ci sono tanti parchi e il centro è vicino.
It's a nice place. There are lots of parks, and the city center is close by.

Anna: Sembra davvero comodo. Come sono i vicini?
It seems really convenient. How are the neighbors?

Giovanni: Molto amichevoli! Organizziamo spesso cene di quartiere, ti piaceranno sicuramente.
Very friendly! We often organize neighborhood dinners, you'll definitely enjoy them.

Anna: Che bello! Mi piacerebbe partecipare.
That's great! I'd love to join.

Giovanni: Sarebbe fantastico. Se hai bisogno di qualcosa, non esitare a chiedere!
That would be fantastic. If you need anything, don't hesitate to ask!

Anna: Grazie mille! A presto, Giovanni!
Thank you so much! See you soon, Giovanni!

Giovanni: A presto, Anna!
See you soon, Anna!

18. Una Visita dal Dentista
A Visit to the Dentist

Dott.ssa Rossi: Buongiorno, come posso aiutarla oggi?
Good morning, how can I help you today?

Marco: Buongiorno, ho un forte mal di denti da qualche giorno.
Good morning, I've had a bad toothache for a few days.

Dott.ssa Rossi: Capisco. Si accomodi, darò un'occhiata. Ha dolore costante o solo quando mangia?
I see. Please have a seat, I'll take a look. Is the pain constant or only when you eat?

Marco: Principalmente quando mangio, soprattutto cose fredde o calde.
Mainly when I eat, especially cold or hot things.

Dott.ssa Rossi: Sembra che ci sia una carie. Dovrò fare un'otturazione.
It looks like there's a cavity. I'll need to do a filling.

Marco: Va bene. Sarà doloroso?
Alright. Will it be painful?

Dott.ssa Rossi: Non si preoccupi, le farò un'anestesia locale. Non sentirà nulla.
Don't worry, I'll give you a local anesthetic. You won't feel a thing.

Marco: Perfetto, grazie.
Perfect, thank you.

Dott.ssa Rossi: Bene, l'otturazione è fatta. Si ricordi di evitare cibi duri per qualche ora.
Alright, the filling is done. Remember to avoid hard foods for a few hours.

Marco: Grazie mille, Dottoressa! Mi sento già meglio.
Thank you so much, Doctor! I already feel better.

Dott.ssa Rossi: Di niente! Se il dolore persiste, torni pure.
You're welcome! If the pain persists, don't hesitate to come back.

Marco: Certamente. Grazie ancora, arrivederci!
Of course. Thanks again, goodbye!

Dott.ssa Rossi: Arrivederci, Marco!
Goodbye, Marco!

19. Un Giro in Bicicletta: Conversazioni con Amici
A Bike Ride: Conversations with Friends

Luca: Pronti per il giro in bicicletta di oggi?
Ready for today's bike ride?

Sara: Sì, non vedo l'ora! Che percorso facciamo?
Yes, I can't wait! What route are we taking?

Luca: Pensavo di fare il giro del parco e poi andare verso il lago.
I was thinking we could ride around the park and then head toward the lake.

Matteo: Suona perfetto! È una giornata bellissima per pedalare.
Sounds perfect! It's a beautiful day for a ride.

Sara: Spero solo che non ci siano troppe salite!
I just hope there aren't too many hills!

Luca: Non preoccuparti, è un percorso abbastanza pianeggiante.
Don't worry, it's a pretty flat route.

Matteo: Ottimo! Facciamo una pausa al lago per uno spuntino?
Great! Shall we take a break at the lake for a snack?

Sara: Mi piace l'idea! Ho portato dei panini.
I like the idea! I brought some sandwiches.

Luca: Fantastico, allora siamo pronti! Partiamo?
Fantastic, then we're all set! Shall we go?

Matteo: Andiamo!
Let's go!

Sara: Via, pedalata!
Off we go, let's ride!

20. Organizzare una Festa di Compleanno
Organizing a Birthday Party

Giulia: Ciao, stavo pensando di organizzare una festa di compleanno per Marco. Hai qualche idea?
Hey, I was thinking of organizing a birthday party for Marco. Do you have any ideas?

Elena: Che bello! Possiamo fare una festa a tema. Cosa gli piace di più?
That's great! We could do a themed party. What does he like most?

Giulia: Gli piacciono i film di supereroi. Potremmo fare una festa a tema Marvel!
He loves superhero movies. We could do a Marvel-themed party!

Elena: Perfetto! Possiamo decorare tutto con i colori dei supereroi e magari anche fare un quiz a tema.
Perfect! We can decorate everything with superhero colors and maybe even have a themed quiz.

Giulia: Mi piace! E per il cibo? Pensavo a qualcosa di semplice, come pizza e snack.
I like it! What about the food? I was thinking of something simple, like pizza and snacks.

Elena: Ottima idea! Possiamo anche preparare una torta a forma di scudo di Capitan America.
Great idea! We could also make a cake shaped like Captain America's shield.

Giulia: Geniale! E per gli inviti? Li mandiamo online?
Brilliant! And what about the invitations? Should we send them online?

Elena: Sì, molto più facile. Possiamo usare un design a tema supereroi.
Yes, much easier. We can use a superhero-themed design.

Giulia: Perfetto! Allora ci mettiamo subito al lavoro. Grazie per l'aiuto!
Perfect! Let's get started then. Thanks for your help!

Elena: Di niente, non vedo l'ora di vedere la sua faccia sorpresa!
No problem, I can't wait to see his surprised face!

Giulia: Sarà fantastico!
It's going to be amazing!

21. Parlare di Meteo: Il Tempo in Italia
Talking about the Weather: The Climate in Italy

Gabriel: Buongiorno! Che tempo fa oggi?
Good morning! How's the weather today?

Luca: Buongiorno! Oggi c'è il sole, ma più tardi potrebbe piovere.
Good morning! It's sunny today, but it might rain later.

Gabriel: Davvero? Ho sentito che domani dovrebbe nevicare in montagna.
Really? I heard it's supposed to snow in the mountains tomorrow.

Luca: Sì, è vero. In montagna le temperature stanno scendendo rapidamente.
Yes, that's true. In the mountains, temperatures are dropping quickly.

Gabriel: Qui in città fa ancora caldo, però.
It's still warm here in the city, though.

Luca: Sì, ma il vento sta aumentando. Potrebbe raffreddarsi presto.
Yes, but the wind is picking up. It might cool down soon.

Gabriel: Speriamo che non faccia troppo freddo, ho dei piani all'aperto stasera.
Let's hope it doesn't get too cold, I have outdoor plans tonight.

Luca: Allora ti consiglio di portare un maglione, non si sa mai!
Then I'd suggest bringing a sweater, just in case!

Gabriel: Ottima idea, grazie!
Great idea, thanks!

Luca: Di nulla! Buona giornata!
You're welcome! Have a nice day!

Gabriel: Grazie, anche a te!
Thanks, you too!

22. Chiedere e Dare Consigli su Film Italiani
Asking for and Giving Advice on Italian Films

Alessandro: Ciao Gabriel! Hai visto qualche bel film italiano di recente?
Hi Gabriel! Have you seen any good Italian films lately?

Gabriel: Ciao Alessandro! Sì, ho visto La Grande Bellezza l'altro giorno. È fantastico!
Hi Alessandro! Yes, I watched The Great Beauty the other day. It's amazing!

Alessandro: Oh, l'ho sentito nominare! Di cosa parla?
Oh, I've heard of it! What's it about?

Gabriel: Parla della vita di un uomo che riflette sul suo passato e sulla bellezza della vita a Roma. È davvero profondo.
It's about a man reflecting on his past and the beauty of life in Rome. It's really deep.

Alessandro: Sembra interessante! C'è qualche altro film che mi consiglieresti?
Sounds interesting! Is there any other film you'd recommend?

Gabriel: Sicuramente! Dovresti guardare Nuovo Cinema Paradiso. È un classico, parla dell'amore per il cinema.
Definitely! You should watch Cinema Paradiso. It's a classic, about the love for cinema.

Alessandro: Perfetto, lo guarderò questo weekend!
Perfect, I'll watch it this weekend!

Gabriel: Ottima scelta! Sono sicuro che ti piacerà.
Great choice! I'm sure you'll love it.

Alessandro: Grazie per il consiglio, Gabriel!
Thanks for the recommendation, Gabriel!

Gabriel: Di nulla, fammi sapere cosa ne pensi!
You're welcome, let me know what you think!

23. Prenotare una Vacanza in Italia
Booking a Vacation in Italy

Marco: Ciao Francesco! Sto pensando di prenotare una vacanza in Italia quest'estate. Hai qualche consiglio?
Hi Francesco! I'm thinking of booking a vacation in Italy this summer. Do you have any advice?

Francesco: Ciao Marco! Ottima idea! Dove vorresti andare?
Hi Marco! Great idea! Where would you like to go?

Marco: Pensavo a Roma e forse qualche giorno in Toscana.
I was thinking of Rome and maybe a few days in Tuscany.

Francesco: Bella scelta! Roma è piena di storia e arte, e la Toscana è perfetta per rilassarsi e godersi la campagna. Hai già trovato un hotel?
Great choice! Rome is full of history and art, and Tuscany is perfect for relaxing and enjoying the countryside. Have you found a hotel yet?

Marco: Non ancora, ma sto cercando qualcosa di vicino al centro a Roma.
Not yet, but I'm looking for something close to the city center in Rome.

Francesco: Prova a guardare nella zona di Trastevere, è molto bella e piena di ristoranti tipici.
Try looking in the Trastevere area, it's beautiful and full of typical restaurants.

Marco: Ottimo consiglio, grazie! E per la Toscana?
Great advice, thanks! And for Tuscany?

Francesco: In Toscana ti consiglio di visitare Siena o Firenze, entrambe splendide. Se vuoi qualcosa di più tranquillo, cerca un agriturismo nelle colline toscane.
In Tuscany, I recommend visiting Siena or Florence, both are beautiful. If you want something more peaceful, look for a farmhouse (agriturismo) in the Tuscan hills.

Marco: Perfetto! Non vedo l'ora di partire. Grazie mille, Francesco!
Perfect! I can't wait to go. Thanks a lot, Francesco!

Francesco: Di niente, buon viaggio e divertiti!
You're welcome, have a great trip and have fun!

24. Un Pic-nic al Parco: Cosa Portare?
A Picnic at the Park: What to Bring?

Giulia: Ciao Valeria! Stavo pensando di fare un pic-nic al parco questo weekend. Vuoi venire?
Hi Valeria! I was thinking of having a picnic at the park this weekend. Want to come?

Valeria: Ciao Giulia! Certo, mi piacerebbe molto! Cosa dovremmo portare?
Hi Giulia! Sure, I'd love to! What should we bring?

Giulia: Pensavo di portare dei panini, della frutta e una torta. Tu potresti portare qualcosa da bere?
I was thinking of bringing sandwiches, some fruit, and a cake. Could you bring something to drink?

Valeria: Perfetto! Porterò delle bibite fresche e magari qualche snack salato.
Perfect! I'll bring some cold drinks and maybe some salty snacks.

Giulia: Ottima idea! E magari anche una coperta per sedersi?
Great idea! And maybe a blanket to sit on?

Valeria: Certo, ho una coperta grande che sarà perfetta per il pic-nic.
Sure, I have a big blanket that will be perfect for the picnic.

Giulia: Fantastico! Ci vediamo sabato allora. Non vedo l'ora!
Fantastic! See you on Saturday then. Can't wait!

Valeria: Anch'io! Sarà divertente. A presto!
Me too! It'll be fun. See you soon!

25. Visitare un Museo: Comprendere l'Arte Italiana
Visiting a Museum: Understanding Italian Art

Giulia: Ciao Valeria! Vuoi venire con me al museo questo pomeriggio? C'è una mostra d'arte italiana.
Hi Valeria! Do you want to come with me to the museum this afternoon? There's an Italian art exhibition.

Valeria: Ciao Giulia! Certo, mi piacerebbe molto. Di che tipo di arte si tratta?
Hi Giulia! Sure, I'd love to. What kind of art is it?

Giulia: È un'esposizione di dipinti rinascimentali e sculture barocche. C'è anche una sezione dedicata all'arte moderna italiana.
It's an exhibition of Renaissance paintings and Baroque sculptures. There's also a section dedicated to modern Italian art.

Valeria: Sembra affascinante! Mi piacciono molto i dipinti rinascimentali, specialmente quelli di Leonardo e Michelangelo.
Sounds fascinating! I really like Renaissance paintings, especially those by Leonardo and Michelangelo.

Giulia: Anch'io! E sono curiosa di vedere l'arte moderna. Non la capisco sempre, ma è interessante vedere come si evolve.
Me too! And I'm curious to see the modern art. I don't always understand it, but it's interesting to see how art evolves.

Valeria: Esatto! L'arte moderna può essere un po' astratta, ma ogni opera racconta una storia.
Exactly! Modern art can be a bit abstract, but every piece tells a story.

Giulia: Sì, e a volte è bello interpretarla a modo proprio. Ci vediamo lì alle 15?
Yes, and sometimes it's fun to interpret it in your own way. Shall we meet there at 3 PM?

Valeria: Perfetto! Non vedo l'ora di esplorare il museo con te.
Perfect! I can't wait to explore the museum with you.

Giulia: Anch'io! A dopo!
Me too! See you later!

26. Discutere di Politica Italiana
Discussing Italian Politics

Lorenzo: Ciao Matteo! Hai seguito le ultime notizie sulla politica italiana?
Hi Matteo! Have you followed the latest news on Italian politics?

Matteo: Ciao Lorenzo! Sì, ho visto qualcosa. Ci sono state un sacco di discussioni sul nuovo governo.
Hi Lorenzo! Yes, I've seen some of it. There have been a lot of discussions about the new government.

Lorenzo: Esatto. Sembra che le cose stiano cambiando rapidamente. Cosa ne pensi delle nuove proposte?
Exactly. It seems like things are changing quickly. What do you think of the new proposals?

Matteo: Beh, alcune idee sembrano promettenti, ma sono preoccupato per l'economia. Pensi che possano davvero fare la differenza?
Well, some ideas seem promising, but I'm worried about the economy. Do you think they can really make a difference?

Lorenzo: È difficile dirlo. A volte le riforme richiedono tempo per dare risultati, ma spero che qualcosa di positivo arrivi presto.
It's hard to say. Sometimes reforms take time to show results, but I hope something positive comes soon.

Matteo: Anch'io. Penso che tutti stiano cercando stabilità, soprattutto dopo gli ultimi anni così incerti.
Me too. I think everyone is looking for stability, especially after the last few uncertain years.

Lorenzo: Già. Vedremo cosa succede. Spero che ascoltino anche le preoccupazioni dei giovani.
Yeah. We'll see what happens. I hope they also listen to the concerns of young people.

Matteo: Assolutamente. Le nuove generazioni hanno molte idee e aspettative per il futuro.
Absolutely. The new generations have many ideas and expectations for the future.

Lorenzo: Speriamo che il governo riesca a tenere conto di tutto questo.
Let's hope the government can take all of this into account.

Matteo: Sì, lo spero anch'io.
Yes, I hope so too.

27. Una Partita di Calcio: Tifare per la Squadra del Cuore
A Football Match: Cheering for Your Favorite Team

Davide: Ciao Federico! Stasera guardi la partita?
Hi Federico! Are you watching the match tonight?

Federico: Ciao Davide! Certo, non me la perdo per niente al mondo. Forza Milan!
Hi Davide! Of course, I wouldn't miss it for the world. Go Milan!

Davide: Ah, sei milanista! Io invece tifo per la Juventus. Sarà una bella sfida stasera!
Ah, you're a Milan fan! I support Juventus. It's going to be a great match tonight!

Federico: Sì, sarà una partita dura. Ma sono fiducioso che possiamo vincere!
Yes, it's going to be a tough game. But I'm confident we can win!

Davide: Vedremo! La Juventus ha una buona squadra quest'anno. Pensi che il Milan abbia qualche chance?
We'll see! Juventus has a strong team this year. Do you think Milan has a chance?

Federico: Sicuro! Se giochiamo come nelle ultime partite, possiamo farcela. E poi abbiamo Leão in gran forma.
Definitely! If we play like we did in the last few games, we can do it. And Leão is in great shape.

Davide: È vero, Leão è un gran giocatore. Ma occhio a Vlahović, è in forma anche lui.
True, Leão is a great player. But watch out for Vlahović, he's in form too.

Federico: Sarà una sfida interessante. Speriamo in una bella partita, comunque vada!
It will be an interesting challenge. Let's hope for a good match, no matter the result!

Davide: Assolutamente! Che vinca il migliore!
Absolutely! May the best team win!

Federico: Forza Milan!
Go Milan!

Davide: Forza Juve!
Go Juve!

28. Chiacchierare su Serie TV Italiane
Chatting about Italian TV Series

Martina: Ciao Alessandro! Hai visto qualche serie TV italiana di recente?
Hi Alessandro! Have you watched any Italian TV series lately?

Alessandro: Ciao Martina! Sì, sto guardando Gomorra. È incredibile, pieno di azione e colpi di scena!
Hi Martina! Yes, I'm watching Gomorra. It's incredible, full of action and twists!

Martina: L'ho sentita nominare, ma non l'ho ancora vista. Di cosa parla esattamente?
I've heard about it, but I haven't seen it yet. What's it about exactly?

Alessandro: È una serie che segue la vita di una famiglia coinvolta nella camorra a Napoli. Molto intensa e ben fatta.
It's a series that follows the life of a family involved in the Camorra in Naples. Very intense and well-made.

Martina: Sembra interessante! Io invece sto guardando Il Commissario Montalbano. È più tranquilla, ma adoro le storie e l'ambientazione in Sicilia.
Sounds interesting! I'm watching Inspector Montalbano instead. It's more relaxed, but I love the stories and the Sicilian setting.

Alessandro: Montalbano è un classico! Le indagini sono sempre avvincenti, e poi la Sicilia è splendida.
Montalbano is a classic! The investigations are always captivating, and Sicily is beautiful.

Martina: Esatto! E mi piace anche il personaggio di Montalbano, è molto umano e simpatico.
Exactly! And I also like Montalbano's character, he's very human and likable.

Alessandro: Concordo. Dovrò dare un'occhiata anche a quello. Magari dopo che finisco Gomorra!
I agree. I'll have to check it out too. Maybe after I finish Gomorra!

Martina: Fai bene! Fammi sapere cosa ne pensi.
Good idea! Let me know what you think.

Alessandro: Certo, lo farò! Buona visione!
Sure, I will! Enjoy watching!

Martina: Grazie, anche a te!
Thanks, you too!

29. Al Supermercato: Scegliere i Prodotti Giusti
At the Supermarket: Choosing the Right Products

Matteo: Ciao Claudia! Mi dai una mano a scegliere i prodotti? Non sono molto bravo a fare la spesa.
Hi Claudia! Can you help me choose the products? I'm not very good at grocery shopping.

Claudia: Ciao Matteo! Certo, nessun problema. Di cosa hai bisogno?
Hi Matteo! Sure, no problem. What do you need?

Matteo: Sto cercando della pasta e del sugo per stasera. Hai qualche consiglio?
I'm looking for pasta and sauce for tonight. Do you have any advice?

Claudia: Sì, per la pasta ti consiglio quella di grano duro. È più resistente alla cottura. Per il sugo, preferisci pomodoro semplice o qualcosa di più elaborato?
Yes, for pasta I recommend the durum wheat kind. It holds up better when cooking. For the sauce, do you prefer simple tomato or something more elaborate?

Matteo: Magari un sugo semplice. Non sono un gran cuoco!
Maybe a simple sauce. I'm not much of a cook!

Claudia: Allora prendi questo sugo al pomodoro e basilico. È facile da usare e buono.
Then take this tomato and basil sauce. It's easy to use and tastes good.

Matteo: Perfetto, grazie! E per il formaggio?
Perfect, thanks! And what about cheese?

Claudia: Vai sul sicuro con del parmigiano. È perfetto per la pasta.
Go with some parmesan. It's perfect for pasta.

Matteo: Ottimo! Grazie mille per l'aiuto, Claudia!
Great! Thanks so much for your help, Claudia!

Claudia: Di nulla, Matteo! Buona cena e fammi sapere come va!
You're welcome, Matteo! Enjoy your dinner and let me know how it goes!

Matteo: Lo farò! A presto!
I will! See you soon!

30. Un Appuntamento Romantico: Cosa Dire?
A Romantic Date: What to Say?

Elena: Ciao Marco, sono contenta che siamo riusciti a vederci stasera.
Hi Marco, I'm glad we were able to meet tonight.

Marco: Ciao Elena, anch'io. Sei davvero bellissima stasera.
Hi Elena, me too. You look absolutely beautiful tonight.

Elena: Grazie! Sei sempre così gentile. Hai scelto un posto davvero carino per la cena.
Thank you! You're always so kind. You picked a really nice place for dinner.

Marco: Sono felice che ti piaccia. Volevo qualcosa di speciale per una serata speciale.
I'm glad you like it. I wanted something special for a special evening.

Elena: Sei sempre così attento. Che cosa hai ordinato?
You're always so thoughtful. What did you order?

Marco: Ho preso il tuo piatto preferito, la pasta ai frutti di mare. E per me, una bistecca.
I ordered your favorite dish, seafood pasta. And for me, a steak.

Elena: Non ci posso credere, ti ricordi del mio piatto preferito!
I can't believe it, you remember my favorite dish!

Marco: Come potrei dimenticarlo? Ogni dettaglio di te è importante per me.
How could I forget? Every detail about you is important to me.

Elena: Sei davvero unico, Marco. Questa serata è perfetta.
You're really one of a kind, Marco. This evening is perfect.

Marco: Lo è, grazie a te. Mi piace passare del tempo con te, sei speciale per me.
It is, thanks to you. I love spending time with you, you're special to me.

Elena: Anche per me è così. Mi sento fortunata ad averti conosciuto.
I feel the same. I'm lucky to have met you.

Marco: Il sentimento è reciproco, Elena.
The feeling is mutual, Elena.

Elena: Sono felice che siamo qui insieme.
I'm happy we're here together.

Marco: Anch'io. A questo punto, brindiamo a noi?
Me too. Shall we toast to us?

Elena: Assolutamente, brindiamo a una serata indimenticabile.
Absolutely, let's toast to an unforgettable evening.

31. Richiedere il Menù in un Ristorante
Requesting the Menu at a Restaurant

Luca: Ciao Marta! Sei pronta per una bella cena?
Hi Marta! Are you ready for a nice dinner?

Marta: Ciao Luca! Sì, non vedo l'ora. Hai già dato un'occhiata al menù?
Hi Luca! Yes, I can't wait. Have you already looked at the menu?

Luca: Non ancora, aspettiamo di chiedere al cameriere.
Not yet, let's wait to ask the waiter.

(Il cameriere arriva)
(The waiter arrives)

Cameriere: Buonasera e benvenuti! Posso portarvi qualcosa da bere?
Good evening and welcome! Can I bring you something to drink?

Luca: Buonasera! Potremmo avere il menù, per favore?
Good evening! Could we have the menu, please?

Cameriere: Certamente, ecco a voi. Avete qualche preferenza?
Of course, here you go. Do you have any preferences?

Marta: Non ancora, daremo un'occhiata al menù prima di decidere.
Not yet, we'll take a look at the menu before deciding.

Cameriere: Perfetto, prendetela con calma. Tornerò tra qualche minuto per prendere l'ordine.
Perfect, take your time. I'll come back in a few minutes to take your order.

Luca: Grazie mille!
Thank you very much!

Marta: Allora, cosa pensi di ordinare?
So, what do you think you'll order?

Luca: Sto pensando a un bel piatto di pasta, ma vediamo meglio...
I'm thinking about a nice pasta dish, but let's take a closer look...

Marta: Ottima scelta! Vediamo cosa propongono di buono.
Great choice! Let's see what good things they have.

32. Al Cinema: Prenotare un Biglietto
At the Cinema: Booking a Ticket

Giovanni: Ciao Sara! Vuoi andare al cinema questo weekend?
Hi Sara! Do you want to go to the movies this weekend?

Sara: Ciao Giovanni! Sì, mi piacerebbe. Che film avevi in mente?
Hi Giovanni! Yes, I'd love to. What movie did you have in mind?

Giovanni: Pensavo di vedere Il Sol dell'Avvenire, sembra davvero interessante.
I was thinking about watching The Sun of the Future, it looks really interesting.

Sara: Sì, ho sentito parlare bene di quel film. Vuoi prenotare i biglietti in anticipo?
Yes, I've heard good things about that movie. Do you want to book the tickets in advance?

Giovanni: Sì, meglio prenotare per non rischiare di trovare tutto esaurito.
Yes, it's better to book so we don't risk it being sold out.

Sara: Ok, prenotiamo online. Quale orario preferisci?
Alright, let's book online. What time do you prefer?

Giovanni: Magari lo spettacolo delle 20:00. Così abbiamo tempo per cenare prima.
Maybe the 8:00 PM show. That way we have time for dinner beforehand.

Sara: Perfetto, prenoto due posti per le 20:00 allora.
Perfect, I'll book two seats for 8:00 PM then.

Giovanni: Ottimo, non vedo l'ora!
Great, I can't wait!

Sara: Nemmeno io. Sarà una bella serata!
Me neither. It's going to be a great evening!

33. Conversazione al Posto di Lavoro
Conversation at the Workplace

Andrea: Ciao Chiara! Hai avuto modo di controllare il report che ti ho mandato?
Hi Chiara! Did you get a chance to review the report I sent you?

Chiara: Ciao Andrea! Sì, l'ho guardato stamattina. Ci sono un paio di punti che vorrei discutere con te.
Hi Andrea! Yes, I reviewed it this morning. There are a couple of points I'd like to discuss with you.

Andrea: Certo, fammi sapere. Ci sono modifiche da fare?
Sure, let me know. Are there any changes to make?

Chiara: Sì, forse dovremmo approfondire la parte sui dati di vendita del mese scorso. Non mi sembrano completi.
Yes, we might need to go into more detail on the sales data from last month. They don't seem complete to me.

Andrea: Capisco, posso fare una revisione e aggiungere i dati mancanti. Altri suggerimenti?
Got it, I can review it and add the missing data. Any other suggestions?

Chiara: Forse potremmo anche rivedere la conclusione. Mi sembra un po' vaga.
Maybe we could also revise the conclusion. It feels a bit vague to me.

Andrea: Ottimo consiglio, lo sistemerò. Grazie per il feedback!
Great advice, I'll fix it. Thanks for the feedback!

Chiara: Di nulla! Fammi sapere quando hai fatto le modifiche, così posso dare un'ultima occhiata.
You're welcome! Let me know when you've made the changes so I can give it a final look.

Andrea: Lo farò, ti aggiorno presto.
I will, I'll update you soon.

Chiara: Perfetto, grazie Andrea!
Perfect, thanks Andrea!

Andrea: Grazie a te, Chiara!
Thank you, Chiara!

34. Parlare di Viaggi: Consigli su Dove Andare
Talking about Travel: Tips on Where to Go

Simone: Ciao Laura! Sto pensando di prendermi una vacanza. Hai qualche consiglio su dove andare?
Hi Laura! I'm thinking of taking a vacation. Do you have any tips on where to go?

Laura: Ciao Simone! Dipende, preferisci una vacanza al mare o in montagna?
Hi Simone! It depends, do you prefer a beach vacation or the mountains?

Simone: Mi piacerebbe qualcosa al mare, ma non troppo affollato.
I'd like something by the sea, but not too crowded.

Laura: Allora ti consiglio la Costiera Amalfitana, è bellissima ma ci sono anche delle calette più tranquille, soprattutto se vai fuori stagione.
Then I recommend the Amalfi Coast, it's beautiful but there are also some quieter coves, especially if you go off-season.

Simone: Sembra perfetto! E per alloggiare, hai qualche suggerimento?
That sounds perfect! And for accommodation, do you have any suggestions?

Laura: Sì, ci sono molti agriturismi o piccoli hotel a conduzione familiare che ti permettono di vivere un'esperienza più autentica.
Yes, there are many farm stays or small family-run hotels that let you have a more authentic experience.

Simone: Ottimo! E per quanto riguarda il cibo?
Great! And what about food?

Laura: Beh, sei in Italia, quindi ovunque vai mangerai benissimo! Ma prova assolutamente i piatti a base di pesce fresco e la mozzarella di bufala.
Well, you're in Italy, so wherever you go, you'll eat well! But definitely try the fresh seafood dishes and buffalo mozzarella.

Simone: Grazie mille, Laura! Mi hai dato ottimi consigli.
Thank you so much, Laura! You've given me great tips.

Laura: Di nulla, Simone! Buon viaggio e goditi la vacanza!
You're welcome, Simone! Have a great trip and enjoy your vacation!

35. Al Negozio di Alimentari: Fare la Spesa Locale
At the Grocery Store: Doing Local Shopping

Marco: Ciao Alessia! Sei già stata in questo negozio di alimentari locale?
Hi Alessia! Have you been to this local grocery store before?

Alessia: Ciao Marco! Sì, vengo spesso qui. Hanno prodotti freschi e locali, davvero ottimi.
Hi Marco! Yes, I come here often. They have fresh, local products that are really great.

Marco: Perfetto! Sto cercando delle verdure per la cena di stasera. Quali mi consigli di prendere?
Perfect! I'm looking for vegetables for dinner tonight. Which ones do you recommend I get?

Alessia: Dipende da cosa vuoi cucinare. Se fai una pasta, prenderei dei pomodori freschi e delle zucchine. Sono di stagione adesso.
It depends on what you're cooking. If you're making pasta, I'd get fresh tomatoes and zucchini. They're in season now.

Marco: Buona idea! E per la frutta?
Good idea! What about fruit?

Alessia: Qui hanno delle pesche e delle ciliegie buonissime in questo periodo. Sono perfette per un dessert leggero.
They have delicious peaches and cherries here this time of year. They're perfect for a light dessert.

Marco: Ottimo, li prenderò. Hanno anche pane fresco?
Great, I'll get those. Do they have fresh bread too?

Alessia: Sì, lo trovi vicino alla cassa. Fanno il pane ogni mattina, è davvero buono.
Yes, you'll find it near the checkout. They bake bread every morning, it's really good.

Marco: Perfetto, grazie mille per i consigli, Alessia!
Perfect, thanks so much for the tips, Alessia!

Alessia: Di nulla, Marco! Buona spesa e buona cena!
You're welcome, Marco! Enjoy your shopping and dinner!

Marco: Grazie, lo farò!
Thanks, I will!

36. Visitare un Amico Malato
Visiting a Sick Friend

Francesca: Ciao Paolo, come ti senti oggi?
Hi Paolo, how are you feeling today?

Paolo: Ciao Francesca! Un po' meglio, grazie. Sto cercando di riposare il più possibile.
Hi Francesca! A bit better, thanks. I'm trying to rest as much as I can.

Francesca: Sono felice di sentirlo. Ti ho portato un po' di zuppa fatta in casa. Spero ti faccia bene.
I'm glad to hear that. I brought you some homemade soup. I hope it helps.

Paolo: Grazie mille, Francesca! Sei sempre così premurosa.
Thank you so much, Francesca! You're always so thoughtful.

Francesca: Di nulla, mi fa piacere aiutare. Hai bisogno di qualcosa? Posso fare la spesa per te o prenderti delle medicine?
You're welcome, I'm happy to help. Do you need anything? I can go grocery shopping for you or get you some medicine.

Paolo: Per ora ho tutto, grazie. Il dottore mi ha detto solo di riposare e bere molti liquidi.
I've got everything for now, thanks. The doctor just told me to rest and drink plenty of fluids.

Francesca: Allora, riposati bene e non preoccuparti di niente. Se ti serve qualcosa, chiamami.
Well, rest up and don't worry about anything. If you need something, just call me.

Paolo: Grazie, Francesca. Mi fa davvero piacere che tu sia venuta a trovarmi.
Thanks, Francesca. I really appreciate you coming to see me.

Francesca: Figurati, Paolo! Spero che ti rimetta presto.
No problem, Paolo! I hope you get well soon.

Paolo: Grazie, spero anch'io di tornare in forma presto.
Thanks, I hope to be back in shape soon too.

Francesca: Lo sarai! Riposa e ci vediamo presto.
You will! Rest up, and see you soon.

Paolo: A presto, e grazie ancora!
See you soon, and thanks again!

37. Descrivere una Giornata Tipica in Italia
Describing a Typical Day in Italy

Luca: Ciao Anna! Com'è la tua giornata tipica qui in Italia?
Hi Anna! What's your typical day like here in Italy?

Anna: Ciao Luca! Beh, la mia giornata inizia presto. Mi sveglio intorno alle 7, poi prendo un caffè veloce prima di andare al lavoro.
Hi Luca! Well, my day starts early. I wake up around 7, then I have a quick coffee before heading to work.

Luca: Ah, il classico caffè italiano! E poi?
Ah, the classic Italian coffee! And then?

Anna: Vado al lavoro alle 8 e finisco verso le 17. A pranzo di solito mangio qualcosa di leggero, magari una pasta o un'insalata.
I go to work at 8 and finish around 5 PM. For lunch, I usually eat something light, maybe pasta or a salad.

Luca: Capisco. E dopo il lavoro, cosa fai di solito?
I see. And after work, what do you usually do?

Anna: Dipende. A volte faccio una passeggiata in centro o vado a fare la spesa. Se ho tempo, incontro amici per un aperitivo.
It depends. Sometimes I take a walk in the city center or go grocery shopping. If I have time, I meet friends for an aperitivo.

Luca: L'aperitivo è una delle mie parti preferite della giornata!
The aperitivo is one of my favorite parts of the day!

Anna: Anche per me! È un bel modo per rilassarsi e chiacchierare dopo una lunga giornata.
Same for me! It's a great way to relax and chat after a long day.

Luca: E per cena?
And for dinner?

Anna: Di solito ceno intorno alle 20, qualcosa di semplice come una pizza o una frittata. Poi mi rilasso guardando un film o leggendo un libro.
I usually have dinner around 8 PM, something simple like pizza or an omelet. Then I relax by watching a movie or reading a book.

Luca: Sembra una giornata tranquilla e piacevole!
Sounds like a calm and pleasant day!

Anna: Sì, direi di sì. Mi piace questo ritmo di vita.
Yes, I'd say so. I like this pace of life.

Luca: Lo capisco! L'Italia ha un modo speciale di vivere le giornate.
I understand! Italy has a special way of living the days.

Anna: Assolutamente! È tutto più rilassato e si dà importanza ai piccoli momenti.
Absolutely! Everything is more relaxed, and small moments are appreciated.

38. Parlare di Hobbies e Tempo Libero
Talking about Hobbies and Free Time

Giulia: Ciao Matteo! Cosa ti piace fare nel tuo tempo libero?
Hi Matteo! What do you like to do in your free time?

Matteo: Ciao Giulia! Nel mio tempo libero mi piace molto andare in bicicletta e leggere libri di fantascienza. E tu?
Hi Giulia! In my free time, I really enjoy cycling and reading science fiction books. What about you?

Giulia: Io adoro cucinare, specialmente dolci. Inoltre, mi piace fare yoga per rilassarmi dopo una lunga giornata.
I love cooking, especially desserts. Also, I enjoy doing yoga to relax after a long day.

Matteo: Che bello! Qual è il tuo dolce preferito da preparare?
That's great! What's your favorite dessert to make?

Giulia: Mi piace molto fare il tiramisù. È un classico, ma tutti lo adorano!
I really enjoy making tiramisù. It's a classic, but everyone loves it!

Matteo: Il tiramisù è delizioso! Dovrai farmelo assaggiare un giorno.
Tiramisù is delicious! You'll have to let me try it one day.

Giulia: Certo! E tu, vai spesso in bici?
Of course! And you, do you go cycling often?

Matteo: Sì, cerco di fare delle uscite ogni weekend. Mi piace esplorare nuove strade e godermi la natura.
Yes, I try to go out every weekend. I like exploring new roads and enjoying nature.

Giulia: Sembra un ottimo modo per mantenersi in forma e rilassarsi allo stesso tempo.
That sounds like a great way to stay fit and relax at the same time.

Matteo: Esatto! E poi, quando torno a casa, mi metto a leggere. Ho appena iniziato un nuovo libro di Asimov.
Exactly! And then, when I get home, I start reading. I've just started a new book by Asimov.

Giulia: Wow, Asimov! Un autore classico. Io sto leggendo un romanzo storico al momento.
Wow, Asimov! A classic author. I'm currently reading a historical novel.

Matteo: Sembra interessante! Leggere è davvero un bel modo di passare il tempo.
Sounds interesting! Reading is really a great way to spend time.

Giulia: Sono d'accordo. Aiuta a rilassarsi e ti fa viaggiare con la mente.
I agree. It helps you relax and takes you on a mental journey.

Matteo: Esatto! Hobbies come questi ci tengono in equilibrio.
Exactly! Hobbies like these keep us balanced.

Giulia: Assolutamente! Bisogna sempre trovare il tempo per fare ciò che ci piace.
Absolutely! You should always find time to do what you enjoy.

39. Fare un Complimento a Qualcuno
Giving Someone a Compliment

Alice: Ciao Marco! Devo proprio dirti, hai fatto un ottimo lavoro con quella presentazione ieri.
Hi Marco! I have to tell you, you did an excellent job with that presentation yesterday.

Marco: Ciao Alice! Grazie mille, mi fa davvero piacere sentirtelo dire. Ho lavorato sodo su quella presentazione.
Hi Alice! Thank you so much, I really appreciate that. I worked hard on that presentation.

Alice: Si vede! Era chiara, interessante e ben strutturata. Hai spiegato tutto alla perfezione.
It shows! It was clear, interesting, and well-structured. You explained everything perfectly.

Marco: Grazie, sei davvero gentile. Ero un po' nervoso, ma sono contento che sia andata bene.
Thanks, you're really kind. I was a bit nervous, but I'm glad it went well.

Alice: Non sembravi affatto nervoso! Sembravi sicuro di te e molto preparato.
You didn't seem nervous at all! You seemed confident and very prepared.

Marco: Che sollievo sentirlo! Grazie ancora per il tuo complimento, significa molto per me.
What a relief to hear that! Thanks again for your compliment, it means a lot to me.

Alice: Di nulla, te lo meriti! Continua così, sei davvero bravo.
You're welcome, you deserve it! Keep it up, you're really good.

Marco: Grazie, cercherò di fare sempre del mio meglio.
Thanks, I'll keep trying to do my best.

Alice: Ne sono sicura!
I'm sure you will!

40. Un Viaggio in Montagna: Conversazioni durante l'Escursione
A Mountain Trip: Conversations during a Hike

Davide: Guarda che vista incredibile da qui, Sara! Ne è valsa la pena fare tutta questa salita.
Look at this incredible view from here, Sara! It was worth the climb.

Sara: Hai ragione, Davide. È mozzafiato! Non c'è niente di meglio che essere in mezzo alla natura.
You're right, Davide. It's breathtaking! There's nothing better than being in the middle of nature.

Davide: Adoro il silenzio qui. Solo il suono del vento e degli uccelli. È così rilassante.
I love the silence here. Just the sound of the wind and the birds. It's so relaxing.

Sara: Sì, dopo una settimana di lavoro intenso, questo è proprio quello che ci voleva.
Yes, after a busy week at work, this is exactly what I needed.

Davide: Pensi che ce la faremo a raggiungere la cima prima di pranzo?
Do you think we'll make it to the top before lunch?

Sara: Sì, credo di sì. Mancano solo un paio di chilometri. E poi potremo fare un bel picnic lì su!
Yes, I think so. We only have a couple of kilometers left. And then we can have a nice picnic up there!

Davide: Perfetto! Ho portato dei panini e della frutta.
Perfect! I brought sandwiches and some fruit.

Sara: Ottimo, io ho portato dell'acqua e qualche snack. Ci siamo organizzati bene!
Great, I brought water and some snacks. We're well-prepared!

Davide: Eri mai stata in questa zona prima?
Have you been to this area before?

Sara: No, è la prima volta. Ma devo dire che è davvero uno dei posti più belli che ho visto in montagna.
No, it's my first time. But I have to say, it's really one of the most beautiful places I've seen in the mountains.

Davide: Sono contento che ti piaccia. Mi piace scoprire nuovi sentieri, ogni volta c'è qualcosa di nuovo da vedere.
I'm glad you like it. I love discovering new trails, there's always something new to see.

Sara: Già, è come un'avventura ogni volta. Non vedo l'ora di arrivare in cima!
Yeah, it's like an adventure every time. I can't wait to reach the top!

Davide: Siamo quasi arrivati! Preparati per una vista ancora più spettacolare.
We're almost there! Get ready for an even more spectacular view.

Sara: Non vedo l'ora! Questo viaggio è stato fantastico finora.
I can't wait! This trip has been amazing so far.

41. Visitare un Castello in Italia
Visiting a Castle in Italy

Anna: Ciao, che bel castello! Hai già visitato molti castelli in Italia?
Hi, what a beautiful castle! Have you already visited many castles in Italy?

Luca: Ciao! Sì, ne ho visitati alcuni. Questo è il tuo primo castello?
Hi! Yes, I've visited a few. Is this your first castle?

Anna: Sì, è il primo. Mi sembra così affascinante! Qual è la parte che ti piace di più?
Yes, it's the first one. It looks so fascinating! What's your favorite part?

Luca: La torre principale è incredibile, offre una vista spettacolare.
The main tower is amazing, it offers a spectacular view.

Anna: Non vedo l'ora di salirci! Consigli qualche altro castello da visitare?
I can't wait to climb it! Do you recommend any other castles to visit?

Luca: Sicuro! Il Castello di Neuschwanstein è un altro che non puoi perdere.
Definitely! Neuschwanstein Castle is another one you can't miss.

42. Discutere un Libro: I Preferiti Italiani
Discussing a Book: Italian Favorites

Giulia: Ciao, hai mai letto "Il Gattopardo"? È uno dei miei preferiti.
Hi, have you ever read "The Leopard"? It's one of my favorites.

Davide: Ciao! Sì, l'ho letto l'anno scorso. È davvero un capolavoro.
Hi! Yes, I read it last year. It's truly a masterpiece.

Giulia: Sono d'accordo. Qual è il tuo personaggio preferito?
I agree. Who's your favorite character?

Davide: Direi Tancredi, il suo sviluppo nel romanzo è affascinante.
I'd say Tancredi, his character development is fascinating.

Giulia: Interessante! A me è piaciuto molto il Principe di Salina, così complesso.
Interesting! I really liked the Prince of Salina, so complex.

Davide: Assolutamente, la sua visione del cambiamento storico è straordinaria.
Absolutely, his perspective on historical change is extraordinary.

Giulia: Hai altri libri italiani che consiglieresti?
Do you have any other Italian books you'd recommend?

Davide: Sicuro! "Se questo è un uomo" di Primo Levi è un altro libro imperdibile.
Definitely! "If This Is a Man" by Primo Levi is another must-read.

43. Chiedere Informazioni su una Scuola
Asking for Information about a School

Sara: Ciao! Sai qualcosa della Scuola Internazionale qui vicino? Sto pensando di iscrivermi.
Hi! Do you know anything about the International School nearby? I'm thinking of enrolling.

Matteo: Ciao! Sì, mia sorella ci va. È una scuola molto rinomata.
Hi! Yes, my sister goes there. It's a very well-regarded school.

Sara: Ah, fantastico! Com'è l'ambiente?
Oh, great! What's the environment like?

Matteo: È molto accogliente, con studenti e insegnanti da tutto il mondo.
It's very welcoming, with students and teachers from all over the world.

Sara: Interessante! E i corsi? Sono difficili?
Interesting! And the courses? Are they difficult?

Matteo: Dipende, ma i professori sono davvero bravi a spiegare. C'è anche un ottimo programma di attività extracurriculari.
It depends, but the teachers are really good at explaining. There's also a great extracurricular activities program.

Sara: Perfetto! Grazie per le informazioni, penso che farò domanda.
Perfect! Thanks for the info, I think I'll apply.

Matteo: Di nulla! In bocca al lupo!
You're welcome! Good luck!

44. Conversazioni in Spiaggia: Una Giornata al Mare
Conversations at the Beach: A Day at the Sea

Elena: Ciao! Che bella giornata, vero? Vai spesso al mare?
Hi! What a beautiful day, right? Do you often go to the beach?

Francesco: Ciao! Sì, appena posso. Mi rilassa molto. E tu?
Hi! Yes, whenever I can. It's very relaxing for me. What about you?

Elena: Non spesso, ma adoro stare qui. L'acqua sembra fantastica oggi!
Not often, but I love being here. The water looks amazing today!

Francesco: È perfetta per un tuffo. Nuoti spesso?
It's perfect for a swim. Do you swim often?

Elena: Sì, abbastanza. Mi piace fare lunghe nuotate. E tu?
Yes, quite a bit. I like to swim long distances. How about you?

Francesco: Io preferisco fare snorkeling. C'è una bella barriera più avanti.
I prefer snorkeling. There's a nice reef further ahead.

Elena: Davvero? Allora devo assolutamente provarlo!
Really? I definitely have to try that!

Francesco: Ti piacerà! Vedrai tanti pesci colorati.
You'll love it! You'll see lots of colorful fish.

45. Al Festival Locale: Partecipare agli Eventi
At the Local Festival: Attending Events

Martina: Ciao! Sei qui per il festival?
Hi! Are you here for the festival?

Lorenzo: Ciao! Sì, non me lo perdo mai. Tu sei di qui?
Hi! Yes, I never miss it. Are you from around here?

Martina: No, sono venuta per l'occasione. Hai già partecipato a qualche evento?
No, I came just for the occasion. Have you attended any events yet?

Lorenzo: Ho visto la parata stamattina. È stata incredibile!
I saw the parade this morning. It was amazing!

Martina: Che bello! Ci sono altri eventi che consigli?
That sounds great! Are there any other events you recommend?

Lorenzo: Stasera c'è un concerto in piazza, è uno degli eventi più attesi.
There's a concert in the square tonight, it's one of the most anticipated events.

Martina: Fantastico! Ci andrò di sicuro. Grazie per il consiglio!
Fantastic! I'll definitely go. Thanks for the tip!

Lorenzo: Di niente! Ci vediamo lì allora!
No problem! See you there, then!

46. Parlare di Famiglia: Tradizioni Italiane
Talking about Family: Italian Traditions

Chiara: Ciao! La tua famiglia segue qualche tradizione italiana speciale?
Hi! Does your family follow any special Italian traditions?

Riccardo: Ciao! Sì, ogni domenica pranziamo tutti insieme. È una tradizione sacra per noi.
Hi! Yes, every Sunday we have lunch together. It's a sacred tradition for us.

Chiara: Che bello! Anche la mia famiglia si riunisce la domenica. Cosa preparate di solito?
That's wonderful! My family also gathers on Sundays. What do you usually prepare?

Riccardo: Pasta fatta in casa, ovviamente! Mia nonna prepara la migliore lasagna.
Homemade pasta, of course! My grandma makes the best lasagna.

Chiara: Delizioso! Noi facciamo spesso il risotto, è il piatto preferito di mio padre.
Delicious! We often make risotto, it's my dad's favorite dish.

Riccardo: Il risotto è ottimo! A Natale facciamo anche il panettone artigianale.
Risotto is great! At Christmas, we also make homemade panettone.

Chiara: Lo facciamo anche noi! È sempre un momento speciale per la famiglia.
We do that too! It's always a special moment for the family.

Riccardo: Le tradizioni italiane tengono unite le famiglie, non è vero?
Italian traditions really keep families close, don't they?

Chiara: Assolutamente! È una parte importante della nostra cultura.
Absolutely! It's an important part of our culture.

47. Avere un Malinteso in Italiano: Come Risolverlo
Having a Misunderstanding in Italian: How to Resolve It

Anna: Ciao, Marco, posso chiederti una cosa?
Hi, Marco, can I ask you something?

Marco: Certo, dimmi pure.
Of course, go ahead.

Anna: Ieri hai detto che non potevi venire alla festa, ma poi ti ho visto lì. Non capisco...
Yesterday you said you couldn't come to the party, but then I saw you there. I don't understand...

Marco: Oh, capisco il malinteso. Non avevo detto che non potevo venire, ma che sarei arrivato più tardi!
Oh, I understand the misunderstanding. I didn't say I couldn't come, but that I would arrive later!

Anna: Ah, ora è tutto chiaro! Mi ero preoccupata di averti frainteso.
Ah, now it's all clear! I was worried I had misunderstood you.

Marco: Nessun problema! È facile che succeda. L'importante è chiarirsi.
No problem! It's easy for that to happen. The important thing is to clear things up.

Anna: Esatto, grazie per aver spiegato. Tutto risolto allora!
Exactly, thanks for explaining. All sorted then!

Marco: Sì, tutto a posto! Ci vediamo alla prossima festa?
Yes, all good! See you at the next party?

Anna: Assolutamente, non mancherò!
Absolutely, I won't miss it!

48. In Pizzeria: Ordinare una Pizza Speciale
At the Pizzeria: Ordering a Special Pizza

Giovanni: Ciao! Hai già deciso che pizza prendere?
Hi! Have you already decided what pizza to get?

Lucia: Ciao! Sono indecisa. Cosa mi consigli?
Hi! I'm undecided. What do you recommend?

Giovanni: La pizza speciale della casa è fantastica! Ha mozzarella di bufala, prosciutto crudo e rucola.
The house special pizza is fantastic! It has buffalo mozzarella, prosciutto, and arugula.

Lucia: Suona deliziosa! Ma sono tentata anche dalla pizza con tartufo.
That sounds delicious! But I'm also tempted by the truffle pizza.

Giovanni: Anche quella è ottima, ha un sapore unico. Se ti piace il tartufo, non puoi sbagliare.
That one is great too, it has a unique flavor. If you like truffle, you can't go wrong.

Lucia: Perfetto, allora prendo la pizza con tartufo. Tu cosa prendi?
Perfect, I'll go with the truffle pizza. What are you getting?

Giovanni: Io prendo la quattro formaggi, è sempre una scelta sicura!
I'm getting the four-cheese pizza, it's always a safe choice!

Lucia: Ottimo! Non vedo l'ora di assaggiare.
Great! I can't wait to try it.

49. Discutere di Tecnologia
Talking about Technology

Alessandro: Ciao! Hai visto le ultime novità tecnologiche?
Hi! Have you seen the latest tech news?

Federica: Ciao! Sì, hanno appena presentato un nuovo smartphone con una fotocamera incredibile.
Hi! Yes, they just released a new smartphone with an amazing camera.

Alessandro: L'ho sentito! Sembra che la tecnologia stia avanzando così velocemente.
I heard about it! It feels like technology is advancing so fast.

Federica: È vero! Hai visto anche i nuovi sviluppi sull'intelligenza artificiale? Sono impressionanti.
That's true! Have you also seen the new developments in artificial intelligence? They're impressive.

Alessandro: Sì, soprattutto per quanto riguarda l'automazione. Pensi che l'AI cambierà radicalmente il nostro modo di vivere?
Yes, especially in automation. Do you think AI will radically change how we live?

Federica: Assolutamente. Sta già trasformando molti settori, dalla medicina ai trasporti.
Absolutely. It's already transforming many industries, from healthcare to transportation.

Alessandro: Sarà interessante vedere come evolverà. Speriamo solo che venga usata nel modo giusto.
It'll be interesting to see how it evolves. Let's just hope it's used in the right way.

Federica: Già, l'etica nella tecnologia è un tema molto importante.
Yes, ethics in technology is a very important topic.

Alessandro: Concordo, bisogna trovare un equilibrio tra innovazione e responsabilità.
I agree, we need to find a balance between innovation and responsibility.

50. Al Mercato del Pesce: Acquistare Prodotti Freschi

At the Fish Market: Buying Fresh Products

Marta: Ciao! Questo pesce sembra freschissimo. Cosa mi consigli di comprare oggi?
Hi! This fish looks really fresh. What do you recommend I buy today?

Paolo: Ciao! Se ti piace il pesce spada, è appena arrivato. È perfetto per la griglia.
Hi! If you like swordfish, it just arrived. It's perfect for grilling.

Marta: Ottimo! Lo adoro alla griglia. Cos'altro mi suggerisci?
Great! I love it grilled. What else do you suggest?

Paolo: I calamari sono ideali per fare una frittura mista, e anche le cozze sono freschissime oggi.
The squid is perfect for a mixed fry, and the mussels are super fresh today too.

Marta: Perfetto! Prendo sia il pesce spada che i calamari. Grazie per il consiglio!
Perfect! I'll take both the swordfish and the squid. Thanks for the advice!

Paolo: Di nulla! Vuoi anche delle cozze? Oggi le facciamo a un ottimo prezzo.
You're welcome! Do you want some mussels too? We have a great deal on them today.

Marta: Certo, prendiamone un po'! Mi sa che stasera farò una bella cena di pesce.
Sure, let's get some! I think I'll make a great seafood dinner tonight.

Paolo: Sembra un'idea fantastica! Buon appetito!
That sounds like a fantastic idea! Enjoy your meal!

51. Una Conversazione con il Fabbro
A Conversation with the Blacksmith

Luca: Ciao! Mi hanno detto che sei il miglior fabbro della zona. Puoi aiutarmi con una riparazione?
Hi! I've heard you're the best blacksmith around. Can you help me with a repair?

Roberto: Ciao! Certo, dimmi pure cosa ti serve.
Hi! Sure, tell me what you need.

Luca: Ho una vecchia serratura che non funziona più. Pensi di poterla sistemare?
I have an old lock that doesn't work anymore. Do you think you can fix it?

Roberto: Posso sicuramente provarci. A volte le serrature antiche hanno solo bisogno di una piccola manutenzione.
I can definitely try. Sometimes old locks just need a bit of maintenance.

Luca: Perfetto! Mi piacerebbe conservarla perché ha un grande valore sentimentale.
Perfect! I'd like to keep it because it has a lot of sentimental value.

Roberto: Capisco, farò del mio meglio per ripararla. Vuoi anche una copia della chiave, nel caso?
I understand, I'll do my best to fix it. Do you also want a copy of the key, just in case?

Luca: Sì, sarebbe un'ottima idea. Grazie mille!
Yes, that would be a great idea. Thank you so much!

Roberto: Di nulla! Passa domani, dovrebbe essere pronta.
You're welcome! Come by tomorrow, it should be ready.

Luca: Perfetto, ci vediamo domani allora!
Perfect, see you tomorrow then!

52. Scegliere un Regalo: Idee per Tutte le Occasioni
Choosing a Gift: Ideas for Every Occasion

Sofia: Ciao! Sto cercando un regalo per il compleanno di mia madre. Hai qualche idea?
Hi! I'm looking for a gift for my mother's birthday. Do you have any ideas?

Matteo: Ciao! Dipende da cosa le piace. È appassionata di qualcosa in particolare?
Hi! It depends on what she likes. Does she have any particular hobbies?

Sofia: Le piacciono molto i fiori e ama cucinare.
She loves flowers and enjoys cooking.

Matteo: Perfetto! Che ne dici di una bella pianta da interni o un set di utensili da cucina di alta qualità?
Perfect! How about a beautiful indoor plant or a set of high-quality kitchen tools?

Sofia: Ottime idee! Mi piace l'idea della pianta, magari qualcosa di elegante come un'orchidea.
Great ideas! I like the idea of the plant, maybe something elegant like an orchid.

Matteo: L'orchidea è un'ottima scelta, è raffinata e dura nel tempo. E magari puoi aggiungere un libro di ricette per renderlo un regalo più completo.
The orchid is a great choice, it's elegant and long-lasting. And maybe you can add a recipe book to make it a more complete gift.

Sofia: Sì, mi sembra perfetto! Grazie mille per i consigli!
Yes, that sounds perfect! Thanks so much for the suggestions!

Matteo: Di niente! Sono sicuro che le piacerà.
You're welcome! I'm sure she'll love it.

53. In Panetteria: Ordinare Pane e Dolci
At the Bakery: Ordering Bread and Pastries

Giulia: Ciao! Vorrei comprare del pane fresco. Quali tipi avete oggi?
Hi! I'd like to buy some fresh bread. What types do you have today?

Antonio: Ciao! Oggi abbiamo pane integrale, baguette e ciabatta. Se ti piace, c'è anche il pane alle olive.
Hi! Today we have whole grain bread, baguette, and ciabatta. If you like it, we also have olive bread.

Giulia: Perfetto! Prendo una baguette e una ciabatta. E per dolci, cosa avete?
Perfect! I'll take a baguette and a ciabatta. And for pastries, what do you have?

Antonio: Abbiamo croissant, biscotti al cioccolato e una torta al limone fresca.
We have croissants, chocolate cookies, and a fresh lemon cake.

Giulia: Ottimo! Prendo due croissant e una fetta di torta al limone.
Great! I'll take two croissants and a slice of lemon cake.

Antonio: Perfetto! Vuoi altro?
Perfect! Anything else?

Giulia: No, grazie. Va bene così.
No, thanks. That's all.

Antonio: Ecco qui. Buona giornata!
Here you go. Have a great day!

Giulia: Grazie, anche a te!
Thanks, you too!

54. Parlare di Storia Italiana: Discussione Leggera
Talking about Italian History: A Light Discussion

Marco: Ciao! Ti interessa la storia italiana?
Hi! Are you interested in Italian history?

Elena: Ciao! Sì, abbastanza. Mi affascina soprattutto il Rinascimento.
Hi! Yes, quite a bit. I'm especially fascinated by the Renaissance.

Marco: Anch'io! È incredibile pensare a quanta arte e cultura sono nate in quel periodo.
Me too! It's incredible to think about how much art and culture came from that period.

Elena: Esatto! Pensa solo a Michelangelo e Leonardo da Vinci. Due geni assoluti.
Exactly! Just think of Michelangelo and Leonardo da Vinci. Two absolute geniuses.

Marco: Verissimo. E poi l'unificazione d'Italia è un'altra parte interessante della nostra storia.
So true. And then, the unification of Italy is another interesting part of our history.

Elena: Già! Garibaldi e il Risorgimento sono stati fondamentali per l'Italia moderna.
Yes! Garibaldi and the Risorgimento were crucial for modern Italy.

Marco: Sì, e ogni regione ha le sue storie particolari che arricchiscono la nostra cultura.
Yes, and every region has its unique stories that enrich our culture.

Elena: Assolutamente. È una storia così ricca e varia!
Absolutely. It's such a rich and varied history!

55. Visitare una Fiera dell'Artigianato
Visiting a Craft Fair

Laura: Ciao! Hai già dato un'occhiata alla fiera dell'artigianato?
Hi! Have you already checked out the craft fair?

Carlo: Ciao! Sì, è fantastica! Ci sono un sacco di bancarelle con cose fatte a mano.
Hi! Yes, it's amazing! There are so many stalls with handmade items.

Laura: Che bello! C'è qualcosa che ti ha colpito in particolare?
That's great! Is there anything that caught your eye?

Carlo: Mi sono piaciuti molto i gioielli in ceramica, davvero unici. E tu?
I really liked the ceramic jewelry, very unique. What about you?

Laura: Io ho adorato i tessuti fatti a mano. Sono così colorati e originali!
I loved the handmade fabrics. They're so colorful and original!

Carlo: Sì, sono davvero belli. Pensi di comprare qualcosa?
Yeah, they're really nice. Are you thinking of buying something?

Laura: Forse. Sto pensando a una sciarpa fatta a mano. E tu?
Maybe. I'm thinking about getting a handmade scarf. And you?

Carlo: Magari un vaso in ceramica. È perfetto per casa mia.
Maybe a ceramic vase. It's perfect for my home.

Laura: Ottima scelta! Questa fiera è davvero piena di idee regalo.
Great choice! This fair is full of great gift ideas.

56. Una Giornata in Fattoria: Esperienze Italiane
A Day on the Farm: Italian Experiences

Francesca: Ciao! È la tua prima volta in una fattoria italiana?
Hi! Is this your first time on an Italian farm?

Davide: Ciao! Sì, è la prima volta. Non avevo mai visto una fattoria così da vicino.
Hi! Yes, it's my first time. I've never seen a farm up close like this before.

Francesca: Ti piacerà! Qui puoi vedere come fanno il formaggio e coltivano le olive.
You'll love it! Here you can see how they make cheese and grow olives.

Davide: Davvero? Sarebbe interessante vedere la produzione del formaggio.
Really? It would be interesting to see how they make cheese.

Francesca: Sì! E puoi anche assaggiarlo fresco. Niente batte il sapore del formaggio appena fatto.
Yes! And you can even taste it fresh. Nothing beats the flavor of freshly made cheese.

Davide: Suona fantastico! E cos'altro fanno qui?
That sounds fantastic! What else do they do here?

Francesca: Oltre al formaggio, fanno anche vino e olio d'oliva. Puoi fare una degustazione di entrambi.
Besides cheese, they also make wine and olive oil. You can do a tasting of both.

Davide: Wow, è un'esperienza completa! Non vedo l'ora di provare tutto.
Wow, it's a complete experience! I can't wait to try everything.

Francesca: Sarà una giornata fantastica!
It's going to be a great day!

57. Fare una Prenotazione in un Agriturismo
Booking at an Agriturismo

Gianni: Buongiorno! Vorrei fare una prenotazione per il prossimo weekend in agriturismo.
Good morning! I'd like to make a reservation for next weekend at the agriturismo.

Receptionist: Buongiorno! Certo, quante persone saranno?
Good morning! Of course, how many people will there be?

Gianni: Saremo in due. Avete ancora camere disponibili?
There will be two of us. Do you still have rooms available?

Receptionist: Sì, abbiamo una camera matrimoniale con vista sui vigneti. È perfetta per una coppia.
Yes, we have a double room with a view of the vineyards. It's perfect for a couple.

Gianni: Suona meraviglioso! La colazione è inclusa?
That sounds wonderful! Is breakfast included?

Receptionist: Sì, la colazione a base di prodotti locali è inclusa. Offriamo anche un tour della fattoria e una degustazione di vino.
Yes, breakfast with local products is included. We also offer a farm tour and a wine tasting.

Gianni: Ottimo! Allora prenoto la camera per due notti.
Great! I'll book the room for two nights, then.

Receptionist: Perfetto! La prenotazione è confermata. Riceverà un'email con tutti i dettagli.
Perfect! Your reservation is confirmed. You'll receive an email with all the details.

Gianni: Grazie mille! Non vedo l'ora di visitare.
Thank you so much! I can't wait to visit.

Receptionist: Di niente! A presto!
You're welcome! See you soon!

58. Cucinare insieme: Ricette Italiane
Cooking Together: Italian Recipes

Alice: Ciao! Sei pronto a cucinare? Ho trovato una ricetta per la pasta alla carbonara.
Hi! Are you ready to cook? I found a recipe for pasta carbonara.

Stefano: Ciao! Sì, sono prontissimo! Cosa ci serve per iniziare?
Hi! Yes, I'm all set! What do we need to start?

Alice: Solo ingredienti semplici: spaghetti, uova, guanciale, pecorino e pepe nero.
Just simple ingredients: spaghetti, eggs, guanciale, pecorino, and black pepper.

Stefano: Perfetto, ho già tutto. Cominciamo con il guanciale?
Perfect, I have everything. Should we start with the guanciale?

Alice: Esatto! Taglialo a cubetti e mettilo a rosolare in padella senza olio. Deve diventare croccante.
Exactly! Cut it into cubes and let it sizzle in the pan without oil. It needs to get crispy.

Stefano: Fatto! E ora?
Done! What's next?

Alice: Adesso sbatti le uova con il pecorino e un po' di pepe. Deve essere una crema liscia.
Now whisk the eggs with the pecorino and a bit of pepper. It should be a smooth cream.

Stefano: La crema è pronta! Gli spaghetti stanno cuocendo.
The cream is ready! The spaghetti is cooking.

Alice: Perfetto! Appena la pasta è pronta, scolala e mescolala subito con il guanciale, poi aggiungi la crema di uova.
Perfect! Once the pasta is ready, drain it and mix it immediately with the guanciale, then add the egg cream.

Stefano: Fatta! Sembra deliziosa, non vedo l'ora di assaggiare.
Done! It looks delicious, I can't wait to taste it.

Alice: Vedrai, sarà buonissima!
You'll see, it'll be amazing!

59. Andare a Teatro: Prenotare i Posti
Going to the Theatre: Booking Seats

Giorgio: Ciao! Vorrei prenotare due posti per lo spettacolo di domani sera.
Hi! I'd like to book two seats for tomorrow night's show.

Bigliettaio: Ciao! Certo, quali posti preferisci? Abbiamo ancora disponibilità in platea e in galleria.
Hi! Sure, which seats do you prefer? We still have availability in the stalls and the gallery.

Giorgio: Preferirei in platea, se possibile. Quanto costano i biglietti?
I'd prefer the stalls, if possible. How much are the tickets?

Bigliettaio: In platea i biglietti costano 50 euro ciascuno, mentre in galleria sono 30 euro.
In the stalls, tickets are 50 euros each, while in the gallery they are 30 euros.

Giorgio: Prendo due posti in platea allora, vicino al centro se possibile.
I'll take two seats in the stalls, near the center if possible.

Bigliettaio: Perfetto! Ho trovato due posti al centro. Vuoi che ti invii i biglietti via email?
Perfect! I found two seats in the center. Would you like me to send the tickets via email?

Giorgio: Sì, grazie. Manda tutto alla mia email, per favore.
Yes, please. Send everything to my email.

Bigliettaio: Fatto! Ti arriveranno tra poco. Buona serata e buon divertimento a teatro!
Done! You'll receive them shortly. Have a great evening and enjoy the show!

Giorgio: Grazie mille! Non vedo l'ora.
Thank you very much! I'm looking forward to it.

60. Fare un Complimento sul Look
Giving a Compliment on Appearance

Valentina: Ciao! Wow, quel vestito ti sta davvero benissimo!
Hi! Wow, that dress looks amazing on you!

Claudia: Ciao! Grazie mille, sei troppo gentile! L'ho preso per un'occasione speciale.
Hi! Thank you so much, you're too kind! I got it for a special occasion.

Valentina: Hai fatto bene, è davvero elegante. E quei colori ti valorizzano tantissimo!
You made the right choice, it's really elegant. And those colors suit you so well!

Claudia: Grazie! Mi fa piacere che ti piaccia. Anche la tua giacca è stupenda, molto chic.
Thanks! I'm glad you like it. Your jacket is gorgeous too, very chic.

Valentina: Grazie! L'ho comprata ieri, sono contenta che tu l'abbia notata!
Thank you! I bought it yesterday, I'm glad you noticed!

Claudia: Hai un ottimo gusto, dovremmo andare a fare shopping insieme!
You have great taste, we should go shopping together!

Valentina: Assolutamente, sarebbe divertente!
Absolutely, it would be fun!

61. Discutere la Cultura del Caffè in Italia
Discussing the Coffee Culture in Italy

Luca: Ciao! Sei un appassionato di caffè?
Hi! Are you a coffee enthusiast?

Martina: Ciao! Assolutamente! In Italia, il caffè è una parte essenziale della giornata.
Hi! Absolutely! In Italy, coffee is an essential part of the day.

Luca: Vero! Ogni momento è buono per un espresso. Al bar è quasi un rito.
True! Any moment is perfect for an espresso. At the café, it's almost a ritual.

Martina: Esatto. E ogni regione ha le sue abitudini particolari. A Napoli, per esempio, il caffè è più corto e intenso.
Exactly. And each region has its own habits. In Naples, for example, the coffee is shorter and more intense.

Luca: Già, mentre a Milano è normale bere il caffè al volo, magari tra un impegno e l'altro.
Yeah, while in Milan it's normal to drink coffee quickly, maybe between errands.

Martina: E non dimentichiamo il cappuccino! Ma solo a colazione, giusto?
And let's not forget the cappuccino! But only at breakfast, right?

Luca: Esatto, dopo pranzo sarebbe impensabile! Solo un bel caffè ristretto.
Exactly, after lunch it's unthinkable! Only a nice strong espresso.

Martina: Il bello della cultura del caffè in Italia è che non si tratta solo della bevanda, ma anche del momento di socializzazione.
The beauty of coffee culture in Italy is that it's not just about the drink, but also about the moment of socializing.

Luca: Sì, il caffè è un'occasione per fare una pausa e stare con gli amici, anche se solo per pochi minuti.
Yes, coffee is an opportunity to take a break and be with friends, even if just for a few minutes.

Martina: Proprio così. Un caffè in compagnia rende la giornata migliore.
Exactly. A coffee in good company makes the day better.

62. Visitare una Cantina: Conversazione sul Vino
Visiting a Winery: Conversation about Wine

Luca: Buongiorno, vorrei fare una visita alla cantina e assaggiare qualche vino.
Good morning, I'd like to visit the winery and taste some wines.

Guida: Buongiorno! Le piacerebbe fare una degustazione completa o solo alcuni vini?
Good morning! Would you like to have a full tasting or just some wines?

Luca: Una degustazione completa, per favore.
A full tasting, please.

Guida: Perfetto. Preferisce vini bianchi, rossi, o un misto?
Perfect. Do you prefer white wines, red wines, or a mix?

Luca: Un misto, grazie. Vorrei provare un po' di tutto.
A mix, thank you. I'd like to try a bit of everything.

Guida: Ottimo! Cominceremo con un bianco della casa. Le piace il vino secco o dolce?
Great! We'll start with a house white. Do you prefer dry or sweet wine?

Luca: Preferisco il secco.
I prefer dry wine.

Guida: Benissimo. Ecco il primo bicchiere. Salute!
Very well. Here's the first glass. Cheers!

Luca: Grazie mille! È davvero delizioso.
Thank you very much! It's really delicious.

Guida: Sono felice che le piaccia. Dopo questo, assaggeremo un rosso.
I'm glad you like it. After this, we'll taste a red.

Luca: Non vedo l'ora!
I can't wait!

63. Prenotare un Tavolo in un Ristorante Stellato
Booking a Table at a Michelin-Starred Restaurant

Marco: Buonasera, vorrei prenotare un tavolo per due persone per sabato sera.
Good evening, I'd like to book a table for two for Saturday evening.

Receptionist: Buonasera! A che ora vorrebbe cenare?
Good evening! What time would you like to have dinner?

Marco: Alle 20:00, per favore.
At 8:00 PM, please.

Receptionist: Va bene, abbiamo un tavolo disponibile. Preferisce una sala interna o esterna?
Alright, we have a table available. Do you prefer indoor or outdoor seating?

Marco: Interna, per favore.
Indoor, please.

Receptionist: Perfetto. Il suo nome, per favore?
Perfect. Your name, please?

Marco: Marco Rossi.
Marco Rossi.

Receptionist: Grazie, signor Rossi. La aspettiamo sabato alle 20:00.
Thank you, Mr. Rossi. We'll expect you on Saturday at 8:00 PM.

Marco: Grazie mille, a sabato!
Thank you very much, see you on Saturday!

Receptionist: A sabato, buona serata!
See you on Saturday, have a good evening!

64. Acquistare Fiori per un Evento Speciale
Buying Flowers for a Special Event

Giulia: Buongiorno, vorrei acquistare dei fiori per un evento speciale.
Good morning, I'd like to buy some flowers for a special event.

Fioraio: Buongiorno! Di che tipo di evento si tratta?
Good morning! What type of event is it?

Giulia: È un anniversario. Vorrei qualcosa di elegante.
It's an anniversary. I'd like something elegant.

Fioraio: Capisco. Le consiglio delle rose miste con un tocco di orchidee.
I see. I recommend mixed roses with a touch of orchids.

Giulia: Sembra perfetto. Quanto costano?
That sounds perfect. How much do they cost?

Fioraio: Sono 40 euro per il bouquet.
It's 40 euros for the bouquet.

Giulia: Va bene, li prendo. Grazie!
Alright, I'll take them. Thank you!

Fioraio: Prego! Spero che l'evento sia meraviglioso!
You're welcome! I hope the event is wonderful!

65. Un Incontro d'Affari: Linguaggio Formale
A Business Meeting: Formal Language

Signor Bianchi: Buongiorno, è un piacere incontrarla.
Good morning, it's a pleasure to meet you.

Signor Rossi: Buongiorno, il piacere è mio. Grazie per avermi ricevuto.
Good morning, the pleasure is mine. Thank you for having me.

Signor Bianchi: La prego, si accomodi. Passiamo subito ai punti all'ordine del giorno.
Please, have a seat. Let's get straight to the agenda.

Signor Rossi: Certo. Prima di tutto, vorrei discutere delle nostre proposte per il progetto.
Of course. First of all, I'd like to discuss our proposals for the project.

Signor Bianchi: Mi sembra un buon punto di partenza. Ha portato la documentazione?
That sounds like a good starting point. Did you bring the documentation?

Signor Rossi: Sì, eccola qui.
Yes, here it is.

Signor Bianchi: Perfetto, la esaminerò subito.
Perfect, I'll review it right away.

Signor Rossi: Grazie. Spero che possiamo trovare un accordo vantaggioso per entrambe le parti.
Thank you. I hope we can reach an agreement beneficial to both parties.

Signor Bianchi: Ne sono sicuro.
I'm sure of it.

66. Discutere di Arte Moderna
Discussing Modern Art

Elena: Cosa ne pensi di questa mostra di arte moderna?
What do you think of this modern art exhibition?

Lorenzo: È molto interessante. Le opere sono davvero uniche.
It's very interesting. The pieces are really unique.

Elena: Sì, mi piacciono soprattutto i colori vivaci e le forme astratte.
Yes, I especially like the vibrant colors and abstract shapes.

Lorenzo: Anch'io. Penso che l'arte moderna permetta molta libertà di interpretazione.
Me too. I think modern art allows for a lot of freedom in interpretation.

Elena: Esatto! Ogni persona può vederci qualcosa di diverso.
Exactly! Every person can see something different in it.

Lorenzo: Hai una preferenza tra le opere esposte?
Do you have a favorite among the works on display?

Elena: Mi piace molto quel dipinto lì. È così dinamico!
I really like that painting over there. It's so dynamic!

Lorenzo: Concordo, trasmette molta energia.
I agree, it conveys a lot of energy.

67. Al Lavasecco: Come Funziona?
At the Dry Cleaner: How Does It Work?

Francesca: Buongiorno, come funziona il servizio di lavasecco?
Good morning, how does the dry-cleaning service work?

Addetto: Lei lascia i capi, noi li puliamo e li restituiamo in due giorni.
You leave the clothes, we clean them and return them in two days.

Francesca: Perfetto. Ho una giacca da pulire.
Perfect. I have a jacket to clean.

Addetto: Ci sono macchie particolari?
Are there any specific stains?

Francesca: Sì, una macchia di vino.
Yes, a wine stain.

Addetto: Va bene, il totale sarà 15 euro.
Alright, the total will be 15 euros.

Francesca: Grazie! Quando sarà pronta?
Thank you! When will it be ready?

Addetto: Tra due giorni.
In two days.

Francesca: Perfetto, a presto!
Perfect, see you soon!

68. Fare un Reclamo: Risolvere un Problema
Making a Complaint: Solving a Problem

Carlo: Buongiorno, vorrei fare un reclamo riguardo al mio ordine.
Good morning, I'd like to make a complaint about my order.

Addetto: Mi dispiace sentirlo, cosa è successo esattamente?
I'm sorry to hear that, what exactly happened?

Carlo: Ho ordinato una giacca blu, ma mi è arrivata una giacca nera.
I ordered a blue jacket, but I received a black one.

Addetto: Capisco, può fornirmi il numero dell'ordine e mostrarmi la ricevuta?
I see, could you give me the order number and show me the receipt?

Carlo: Certo, ecco il numero dell'ordine e la ricevuta.
Sure, here's the order number and the receipt.

Addetto: Grazie. Mi scuso per l'errore, possiamo procedere con la sostituzione immediata o preferisce un rimborso?
Thank you. I apologize for the mistake, we can proceed with an immediate replacement or would you prefer a refund?

Carlo: Preferirei la sostituzione, se possibile.
I'd prefer the replacement, if possible.

Addetto: Assolutamente, le invieremo la giacca corretta entro due giorni.
Absolutely, we'll send you the correct jacket within two days.

Carlo: Perfetto, grazie per la rapidità.
Perfect, thank you for the quick response.

Addetto: Prego, e ancora mi scuso per l'inconveniente.
You're welcome, and I apologize again for the inconvenience.

69. Chiacchierare su Vacanze Future
Chatting about Future Vacations

Anna: Hai già pianificato le tue vacanze estive?
Have you already planned your summer vacation?

Marco: Sì, sto pensando di andare in Grecia quest'anno.
Yes, I'm thinking of going to Greece this year.

Anna: Che bello! Dove esattamente?
That's great! Where exactly?

Marco: Sto valutando Santorini o Mykonos. Entrambe sembrano fantastiche.
I'm considering Santorini or Mykonos. Both seem amazing.

Anna: Santorini è splendida! Le case bianche, i tramonti... Ti piacerà tantissimo.
Santorini is gorgeous! The white houses, the sunsets... You'll love it.

Marco: Sì, è quello che tutti mi dicono. E tu, dove andrai?
Yes, that's what everyone tells me. And you, where are you going?

Anna: Sto pensando di fare un viaggio in Giappone. Vorrei vedere Tokyo e Kyoto.
I'm thinking about taking a trip to Japan. I'd like to see Tokyo and Kyoto.

Marco: Che scelta interessante! Il Giappone è così diverso. Cosa ti attira di più?
What an interesting choice! Japan is so different. What attracts you the most?

Anna: La cultura, il cibo, e ovviamente i templi antichi. Mi piacerebbe anche vedere i ciliegi in fiore.
The culture, the food, and of course the ancient temples. I'd also love to see the cherry blossoms.

Marco: Sembra un'esperienza unica. Quindi, quando parti?
That sounds like a unique experience. So, when are you leaving?

Anna: Probabilmente a fine aprile, così posso vedere i ciliegi in piena fioritura.
Probably at the end of April, so I can catch the cherry blossoms in full bloom.

Marco: Ottima scelta! Ci sarà sicuramente tanto da vedere.
Great choice! There will definitely be a lot to see.

Anna: Sì, non vedo l'ora. E tu? Quando parti per la Grecia?
Yes, I can't wait. And you? When are you leaving for Greece?

Marco: Ad agosto, giusto in tempo per evitare la folla di luglio.
In August, just in time to avoid the July crowds.

Anna: Perfetto, allora avremo tanto di cui parlare al ritorno!
Perfect, we'll have a lot to talk about when we get back!

70. Fare Shopping di Lusso: Comprare in Boutique

Luxury Shopping: Buying in a Boutique

Sofia: Buongiorno, vorrei vedere qualche borsa della nuova collezione.
Good morning, I'd like to see some bags from the new collection.

Commessa: Certamente, ecco alcune delle ultime arrivate. Ha una preferenza?
Of course, here are some of the latest arrivals. Do you have a preference?

Sofia: Mi piace questa borsa in pelle. È disponibile in altri colori?
I like this leather bag. Is it available in other colors?

Commessa: Sì, abbiamo anche nero, beige e rosso.
Yes, we also have it in black, beige, and red.

Sofia: Perfetto, prendo quella nera. Quanto costa?
Perfect, I'll take the black one. How much is it?

Commessa: Costa 500 euro.
It's 500 euros.

Sofia: Va bene, la prendo.
Alright, I'll take it.

Commessa: Ottima scelta! La porto subito alla cassa.
Excellent choice! I'll take it to the register right away.

Sofia: Grazie mille!
Thank you very much!

Commessa: Prego, buona giornata!
You're welcome, have a nice day!

71. Conversare sul Natale in Italia
Talking about Christmas in Italy

Luca: Ciao, Maria! Come festeggi il Natale quest'anno?
Hi, Maria! How are you celebrating Christmas this year?

Maria: Ciao, Luca! Quest'anno lo passerò con la mia famiglia a casa. E tu?
Hi, Luca! This year I'll spend it with my family at home. And you?

Luca: Anche io starò in famiglia. Hai già addobbato l'albero?
I'll also be with my family. Have you already decorated the tree?

Maria: Sì, lo abbiamo fatto ieri! L'abbiamo decorato con luci, palline e un puntale a forma di stella.
Yes, we did it yesterday! We decorated it with lights, ornaments, and a star-shaped tree topper.

Luca: Che bello! Io lo farò questo fine settimana. Qual è il tuo piatto preferito a Natale?
That's nice! I'll do it this weekend. What's your favorite dish at Christmas?

Maria: Amo i tortellini in brodo e il panettone! Non è Natale senza il panettone.
I love tortellini in broth and panettone! It's not Christmas without panettone.

Luca: Anche a me piace il panettone, soprattutto con il cioccolato!
I like panettone too, especially with chocolate!

Maria: Sì, è delizioso! Buone feste, Luca!
Yes, it's delicious! Happy holidays, Luca!

Luca: Buone feste anche a te, Maria!
Happy holidays to you too, Maria!

72. Raccontare una Storia del Passato
Telling a Story from the Past

Giorgio: L'anno scorso sono andato in Sicilia per le vacanze, è stata un'esperienza incredibile.
Last year, I went to Sicily for vacation, it was an incredible experience.

Sara: Davvero? Cosa hai fatto di bello?
Really? What did you do?

Giorgio: Ho visitato Taormina, una città bellissima, e poi sono salito sull'Etna. È stato emozionante vedere un vulcano attivo da così vicino.
I visited Taormina, a beautiful city, and then I climbed Mount Etna. It was thrilling to see an active volcano up close.

Sara: Deve essere stato mozzafiato! Hai visto anche delle colate laviche?
That must have been breathtaking! Did you see any lava flows?

Giorgio: Sì, da lontano! Non mi sono mai sentito così piccolo di fronte alla natura.
Yes, from a distance! I've never felt so small in front of nature.

Sara: Che esperienza unica. Mi piacerebbe andare in Sicilia un giorno.
What a unique experience. I'd love to go to Sicily someday.

Giorgio: Te lo consiglio, è un posto che non si dimentica facilmente.
I recommend it, it's a place you won't easily forget.

73. Parlare di Cibo Tradizionale Regionale
Talking about Traditional Regional Food

Elena: Hai mai assaggiato la pasta alla Norma? È un piatto tipico della Sicilia.
Have you ever tried pasta alla Norma? It's a traditional dish from Sicily.

Marco: No, non l'ho mai provata. Di cosa si tratta?
No, I've never tried it. What is it?

Elena: È una pasta con melanzane fritte, pomodoro, ricotta salata e basilico. È davvero deliziosa.
It's pasta with fried eggplant, tomato, salted ricotta, and basil. It's really delicious.

Marco: Suona buonissimo! In Toscana abbiamo il ribollita, una zuppa di verdure e pane raffermo.
That sounds amazing! In Tuscany, we have ribollita, a soup made of vegetables and stale bread.

Elena: Ah, ne ho sentito parlare! È un piatto molto sostanzioso, giusto?
Ah, I've heard about it! It's a very hearty dish, right?

Marco: Sì, perfetto per l'inverno. Ogni regione ha dei piatti unici.
Yes, perfect for winter. Every region has its unique dishes.

Elena: È vero, la cucina italiana è così varia e ricca di sapori.
That's true, Italian cuisine is so diverse and full of flavor.

74. Conversare su una Ricetta Segreta
Conversing about a Secret Recipe

Giulia: Hai mai sentito parlare della torta che prepara mia nonna? È famosa in famiglia.
Have you ever heard about the cake my grandmother makes? It's famous in our family.

Carlo: No, ma ora sono curioso! Qual è il segreto?
No, but now I'm curious! What's the secret?

Giulia: Beh, non posso dirti tutto... ma il trucco sta in un ingrediente speciale che aggiunge alla crema.
Well, I can't tell you everything... but the trick is in a special ingredient she adds to the cream.

Carlo: Dai, dammi almeno un indizio!
Come on, give me at least a hint!

Giulia: Va bene, ti dico solo che è qualcosa di molto semplice, ma fa tutta la differenza.
Alright, I'll just say it's something very simple, but it makes all the difference.

Carlo: Mi stai facendo venire l'acquolina in bocca. Quando me la fai assaggiare?
You're making my mouth water. When can I try it?

Giulia: La prossima volta che vieni a trovarmi, te ne faccio avere una fetta!
Next time you come over, I'll make sure you get a slice!

75. Discutere di Calcio: La Passione Italiana
Discussing Football: The Italian Passion

Lorenzo: Hai visto la partita della Juve ieri? Che emozione!
Did you watch Juventus' match yesterday? What a thrill!

Francesco: Certo che l'ho vista! Il gol al novantesimo è stato incredibile!
Of course I did! The goal in the 90th minute was incredible!

Lorenzo: Sì, hanno giocato davvero bene. Il calcio è proprio nel nostro DNA, eh?
Yes, they played really well. Football is really in our DNA, huh?

Francesco: Assolutamente. In Italia non si parla d'altro, è una vera passione nazionale.
Absolutely. In Italy, we don't talk about anything else, it's a true national passion.

Lorenzo: Anche quando ero piccolo, ogni domenica si andava allo stadio o si guardava la partita in famiglia.
Even when I was little, every Sunday we'd go to the stadium or watch the game with family.

Francesco: Lo stesso per me. Il calcio unisce tutti, indipendentemente dalla squadra che tifi.
Same for me. Football brings everyone together, no matter which team you support.

Lorenzo: È vero, il bello è proprio questo.
That's true, that's the beauty of it.

76. Descrivere una Vacanza Indimenticabile
Describing an Unforgettable Vacation

Anna: L'estate scorsa sono andata alle Cinque Terre, ed è stata una vacanza che non dimenticherò mai.
Last summer, I went to the Cinque Terre, and it was a vacation I'll never forget.

Marta: Che meraviglia! Com'è stato?
How wonderful! How was it?

Anna: I paesini sono incantevoli, con le case colorate e il mare cristallino. Ho fatto delle passeggiate lungo i sentieri costieri, con viste mozzafiato.
The villages are enchanting, with colorful houses and crystal-clear water. I took walks along the coastal trails with breathtaking views.

Marta: Suona come un sogno! Hai provato anche il cibo locale?
It sounds like a dream! Did you try the local food?

Anna: Sì, ogni giorno mangiavo focaccia e pesto genovese. Era tutto così fresco e saporito.
Yes, every day I ate focaccia and pesto Genovese. Everything was so fresh and tasty.

Marta: Dev'essere stata una vacanza perfetta. Ci torneresti?
It must have been a perfect vacation. Would you go back?

Anna: Assolutamente sì! È un posto che merita di essere rivisitato.
Absolutely yes! It's a place that deserves to be visited again.

77. Al Bancomat: Chiedere Informazioni
At the ATM: Asking for Information

Paolo: Scusa, sai come funziona questo bancomat? È la prima volta che lo uso.
Excuse me, do you know how this ATM works? It's my first time using it.

Claudia: Certo! Inserisci la tua carta e segui le istruzioni sullo schermo.
Of course! Insert your card and follow the instructions on the screen.

Paolo: Grazie! Posso prelevare anche senza andare in banca, giusto?
Thanks! I can withdraw money without going to the bank, right?

Claudia: Sì, esatto. Puoi prelevare, controllare il saldo o fare altre operazioni direttamente da qui.
Yes, exactly. You can withdraw money, check your balance, or do other transactions right from here.

Paolo: Perfetto, adesso ci provo. Grazie ancora per l'aiuto!
Perfect, I'll try it now. Thanks again for the help!

Claudia: Di niente, buona giornata!
No problem, have a nice day!

78. Chiacchiere da Bar: Notizie e Curiosità
Small Talk at the Bar: News and Curiosities

Marco: Hai sentito delle ultime notizie? Pare che stia per aprire un nuovo ristorante in centro.
Have you heard the latest news? It seems they're about to open a new restaurant downtown.

Alessio: Sì, me l'hanno detto! Dicono che sarà un posto di cucina fusion, sembra interessante.
Yes, I heard! They say it's going to be a fusion cuisine place, sounds interesting.

Marco: Già, ultimamente ne stanno aprendo tanti. Hai provato quello che ha aperto la scorsa settimana?
Yeah, they've been opening a lot lately. Have you tried the one that opened last week?

Alessio: Non ancora, ma ho sentito che fanno delle pizze incredibili. Tu ci sei stato?
Not yet, but I heard they make incredible pizzas. Have you been there?

Marco: Sì, ci sono andato sabato scorso. La pizza è davvero ottima, te lo consiglio!
Yes, I went last Saturday. The pizza is really great, I recommend it!

Alessio: Allora ci andrò presto. Sempre bello scoprire nuovi posti!
Then I'll go soon. It's always nice to discover new places!

79. Fare un Reso in un Negozio di Abbigliamento
Making a Return at a Clothing Store

Laura: Buongiorno, vorrei fare un reso per questo vestito.
Good morning, I'd like to return this dress.

Commessa: Certo, mi può dire il motivo del reso?
Of course, may I ask the reason for the return?

Laura: Sì, purtroppo la taglia è troppo grande e non mi sta bene.
Yes, unfortunately the size is too big and it doesn't fit me well.

Commessa: Capisco. Ha lo scontrino con sé?
I understand. Do you have the receipt with you?

Laura: Sì, eccolo.
Yes, here it is.

Commessa: Perfetto. Preferisce un rimborso o un cambio?
Perfect. Would you prefer a refund or an exchange?

Laura: Se possibile, vorrei un cambio con una taglia più piccola.
If possible, I'd like to exchange it for a smaller size.

Commessa: Certamente, vado a vedere se abbiamo la taglia disponibile. Un attimo solo.
Certainly, I'll check if we have your size available. One moment.

Laura: Grazie mille!
Thank you very much!

Commessa: Prego, tornerò subito!
You're welcome, I'll be right back!

80. Raccontare una Barzelletta Italiana
Telling an Italian Joke

Luca: Ehi, Marco, ne vuoi sentire una divertente?
Hey, Marco, want to hear a funny one?

Marco: Certo, racconta!
Sure, tell me!

Luca: Allora, sai qual è il colmo per un calzolaio?
Alright, do you know what's ironic for a shoemaker?

Marco: No, qual è?
No, what is it?

Luca: Avere una figlia che va sempre in giro scalza! Proprio il colmo, no?
Having a daughter who always walks around barefoot! That's the height of irony, right?

Marco: Ahaha, hai ragione, non poteva essere più ironico! Povero calzolaio!
Haha, you're right, it couldn't be more ironic! Poor shoemaker!

Luca: Già, fa scarpe per tutti tranne che per sua figlia!
Exactly, he makes shoes for everyone but his own daughter!

Marco: Questa me la segno, troppo bella!
I'm writing this one down, it's too good!

81. Descrivere un Evento Familiare Importante
Describing an Important Family Event

Francesca: La scorsa settimana abbiamo festeggiato il cinquantesimo anniversario di matrimonio dei miei nonni. È stato un evento davvero speciale, con tutta la famiglia riunita.
Last week we celebrated my grandparents' fiftieth wedding anniversary. It was a really special event, with the whole family gathered.

Alessandro: Wow, cinquanta anni insieme! Dev'essere stato emozionante. Cosa avete fatto?
Wow, fifty years together! It must have been emotional. What did you do?

Francesca: Abbiamo organizzato una grande festa in giardino. C'erano tutti, anche vecchi amici dei nonni che non vedevano da anni. Abbiamo fatto un pranzo all'aperto, con piatti tipici che mia nonna ama, come lasagne e arrosto.
We organized a big garden party. Everyone was there, even some old friends of my grandparents they hadn't seen in years. We had an outdoor lunch with traditional dishes my grandmother loves, like lasagna and roast.

Alessandro: Che bello! E loro erano contenti?
How nice! Were they happy?

Francesca: Sì, erano emozionati. Mio nonno ha fatto un discorso toccante, raccontando come si sono conosciuti e tutto quello che hanno passato insieme in questi anni. Alla fine, tutti erano commossi, anche i più giovani.
Yes, they were very emotional. My grandfather gave a touching speech, telling the story of how they met and everything they've been through over the years. In the end, everyone was moved, even the younger ones.

Alessandro: Che momento speciale. Dev'essere stato indimenticabile vedere tutta la famiglia riunita per una ricorrenza così importante.
What a special moment. It must have been unforgettable to see the whole family gathered for such an important occasion.

Francesca: Sì, è stato davvero unico. E alla fine, abbiamo fatto anche una torta enorme con il numero 50 in cima, e tutti hanno fatto foto insieme. Una giornata che ricorderemo per sempre.
Yes, it was really unique. And at the end, we had a huge cake with the number 50 on top, and everyone took pictures together. A day we'll always remember.

82. Parlare di Studi e Università
Talking about Studies and University

Simone: Come stanno andando i tuoi studi all'università?
How are your studies going at university?

Chiara: Abbastanza bene, grazie! Quest'anno ho degli esami tosti, ma sto cercando di organizzarmi al meglio. E tu?
Pretty well, thanks! This year I have some tough exams, but I'm trying to stay organized. How about you?

Simone: Anche io sono nel bel mezzo della sessione d'esami. Sto studiando tanto, soprattutto per diritto commerciale, che è davvero complicato.
I'm also in the middle of exam season. I'm studying a lot, especially for commercial law, which is really complicated.

Chiara: Ti capisco, diritto commerciale non è per niente facile. Quali altri corsi stai seguendo?
I understand, commercial law isn't easy at all. What other courses are you taking?

Simone: Oltre a diritto commerciale, sto seguendo economia aziendale e contabilità. Sono materie interessanti, ma richiedono molto tempo e attenzione.
Besides commercial law, I'm taking business economics and accounting. They're interesting subjects, but they require a lot of time and focus.

Chiara: Suona impegnativo! Io invece ho un esame di psicologia sociale tra poco, e sto cercando di prepararmi al meglio. È un argomento che mi appassiona.
That sounds challenging! I have a social psychology exam coming up, and I'm trying to prepare as best as I can. It's a subject I'm passionate about.

Simone: Bello! Quando studi qualcosa che ti appassiona, è più facile affrontare lo studio. In bocca al lupo per l'esame!
Nice! When you study something you're passionate about, it's easier to tackle the work. Good luck with your exam!

Chiara: Grazie! Crepi il lupo! Anche a te, buona fortuna per i tuoi esami!
Thanks! May the wolf die! Good luck to you too with your exams!

83. Discutere di Moda: Tendenze Italiane
Discussing Fashion: Italian Trends

Martina: Hai visto le nuove tendenze di moda per quest'anno? In Italia, lo stile casual-chic è sempre più popolare.
Have you seen the new fashion trends for this year? In Italy, the casual-chic style is becoming more popular.

Luca: Sì, ho notato! Molti stanno abbinando capi eleganti con elementi sportivi. È un mix interessante.
Yes, I've noticed! A lot of people are mixing elegant clothes with sporty elements. It's an interesting combination.

Martina: Esatto, e i colori neutri come beige e grigio sembrano essere ovunque.
Exactly, and neutral colors like beige and gray seem to be everywhere.

Luca: È vero, ma vedo che anche gli accessori colorati stanno tornando di moda, per dare un tocco di vivacità.
That's true, but I also see that colorful accessories are making a comeback, to add a bit of brightness.

Martina: Già, il dettaglio che fa la differenza!
Yes, it's the detail that makes the difference!

84. Andare a un Concerto: Prenotare i Biglietti
Going to a Concert: Booking Tickets

Alessio: Hai sentito che il mese prossimo c'è il concerto dei Maneskin? Voglio andarci, ma devo ancora prenotare i biglietti.
Did you hear that Maneskin's concert is next month? I want to go, but I still need to book the tickets.

Sara: Sì, l'ho saputo! Anche io ci voglio andare. Sai se sono ancora disponibili?
Yes, I heard! I want to go too. Do you know if tickets are still available?

Alessio: Sì, ma stanno andando a ruba. Ho controllato online e ci sono ancora posti, ma sono rimasti solo quelli lontani dal palco.
Yes, but they're selling out fast. I checked online and there are still some tickets, but only seats far from the stage are left.

Sara: Mmm... non è l'ideale, ma meglio che niente! Dove pensi di prenotare i biglietti?
Hmm... that's not ideal, but better than nothing! Where do you plan to book the tickets?

Alessio: Probabilmente su TicketOne, è il sito più affidabile per i concerti. Devo solo decidere quante persone vengono con me.
Probably on TicketOne, it's the most reliable site for concerts. I just need to decide how many people are coming with me.

Sara: Bene, io sono sicuramente dei vostri! Facciamo così: prenota per entrambi e poi ti ridò i soldi.
Great, I'm definitely in! Let's do this: book for both of us, and I'll pay you back.

Alessio: Perfetto, allora stasera li prenoto e ti faccio sapere. Non vedo l'ora di sentire la loro musica dal vivo!
Perfect, I'll book them tonight and let you know. I can't wait to hear their music live!

Sara: Anch'io! Sarà un concerto indimenticabile!
Me too! It's going to be an unforgettable concert!

85. Visitare un'Amica Italiana a Casa
Visiting an Italian Friend at Home

Elena: Ciao, Marta! Benvenuta! È da tanto che non ci vediamo, entra pure, sono felice che tu sia venuta.
Hi, Marta! Welcome! It's been a while since we last saw each other, come in, I'm so happy you came.

Marta: Ciao, Elena! Grazie per l'invito, era da tanto che aspettavo questa occasione per rivederti e vedere la tua casa.
Hi, Elena! Thanks for the invitation, I've been waiting for this chance to see you and visit your home.

Elena: Figurati! Accomodati, fai come se fossi a casa tua. Vuoi qualcosa da bere? Ho appena preparato del tè e ho anche del caffè.
No problem! Make yourself at home. Would you like something to drink? I just made some tea, and I also have coffee.

Marta: Un tè andrebbe benissimo, grazie! La tua casa è davvero bellissima, mi piacciono tantissimo i colori che hai scelto per le pareti.
Tea sounds great, thanks! Your house is really beautiful, I love the colors you've chosen for the walls.

Elena: Grazie mille! Ho cercato di creare un'atmosfera accogliente. Mi sono ispirata a qualche rivista di design, ma ho aggiunto anche un tocco personale.
Thanks a lot! I tried to create a cozy atmosphere. I got some inspiration from design magazines, but I added my own personal touch too.

Marta: Hai fatto un ottimo lavoro! E come stai? Ti vedo molto bene.
You did a great job! How are you? You look great.

Elena: Grazie, tutto bene, anche se sono stata molto impegnata con il lavoro. Finalmente ho trovato un po' di tempo per rilassarmi e invitarti qui. E tu? Come stanno andando le cose?
Thanks, I'm doing well, though I've been really busy with work. I finally found some time to relax and invite you over. How about you? How's everything going?

Marta: Anche io sono stata un po' presa, ma va tutto bene. Sono contenta di poter passare un po' di tempo insieme oggi. Era davvero ora di staccare un po'.
I've been a bit busy too, but everything's fine. I'm happy to spend some time together today. It was really time to take a break.

Elena: Sì, è vero, ci voleva proprio. Preparo il tè e intanto ci facciamo una bella chiacchierata.
Yes, you're right, we really needed this. I'll make the tea, and we can have a nice chat in the meantime.

Marta: Perfetto! Non vedo l'ora di raccontarti un po' di cose!
Perfect! I can't wait to catch up and tell you a few things!

86. Acquistare Souvenir Italiani
Buying Italian Souvenirs

Giulia: Sto cercando un souvenir tipico da portare a casa. Hai qualche consiglio?
I'm looking for a typical souvenir to bring home. Do you have any suggestions?

Matteo: Certo! Puoi prendere del limoncello se ti piace qualcosa di locale e tradizionale. Oppure, la ceramica di Amalfi è sempre una buona scelta.
Of course! You could get some limoncello if you like something local and traditional. Or, Amalfi ceramics are always a good choice.

Giulia: Il limoncello mi sembra un'ottima idea. Sai se lo posso portare in aereo?
Limoncello sounds like a great idea. Do you know if I can bring it on a plane?

Matteo: Se lo metti nel bagaglio da stiva, non ci sono problemi. E magari potresti prendere anche una bottiglia d'olio d'oliva, un altro classico italiano.
If you put it in your checked luggage, no problem. And maybe you could also get a bottle of olive oil, another Italian classic.

Giulia: Buona idea! Così porto a casa un po' di sapori italiani. Grazie per i suggerimenti!
Good idea! That way I can bring some Italian flavors home. Thanks for the tips!

Matteo: Di niente! Buono shopping!
You're welcome! Happy shopping!

87. Parlare di Sport Estremi
Talking about Extreme Sports

Luca: Hai mai provato uno sport estremo?
Have you ever tried an extreme sport?

Elisa: No, ma mi piacerebbe fare paracadutismo un giorno. Dev'essere un'esperienza incredibile!
No, but I'd love to try skydiving someday. It must be an incredible experience!

Luca: È fantastico! L'ho fatto l'anno scorso, e l'adrenalina che senti è indescrivibile.
It's amazing! I did it last year, and the adrenaline rush is indescribable.

Elisa: Wow, deve essere stato emozionante! C'è qualcos'altro che ti piace fare?
Wow, that must have been exciting! Is there anything else you enjoy doing?

Luca: Mi piace anche il bungee jumping. La sensazione di cadere nel vuoto è unica.
I also like bungee jumping. The feeling of falling into the void is unique.

Elisa: Non so se avrei il coraggio per quello! Ma vorrei provare il surf estremo.
I'm not sure if I'd have the courage for that! But I'd like to try extreme surfing.

Luca: Anche quello è uno sport incredibile! Se lo provi, fammi sapere!
That's an incredible sport too! If you try it, let me know!

88. Chiedere Consigli per il Fitness
Asking for Fitness Advice

Luca: Ciao, sto cercando di rimettermi in forma. Hai qualche consiglio per iniziare?
Hi, I'm trying to get back in shape. Do you have any tips to get started?

Alessia: Certo! Prima di tutto, trova un'attività che ti piace davvero, così sarà più facile essere costante. Preferisci allenamenti cardio o di forza?
Sure! First of all, find an activity you really enjoy, that way it'll be easier to stay consistent. Do you prefer cardio or strength training?

Luca: Forse una combinazione di entrambi. Ma non sono sicuro di come strutturare i miei allenamenti.
Maybe a combination of both. But I'm not sure how to structure my workouts.

Alessia: Puoi iniziare con tre giorni di allenamento a settimana: due di cardio, come corsa o bicicletta, e uno di forza con pesi leggeri. Aumenta gradualmente l'intensità.
You can start with three workout days a week: two for cardio, like running or cycling, and one for strength training with light weights. Gradually increase the intensity.

Luca: Ha senso! E per quanto riguarda la dieta?
That makes sense! What about diet?

Alessia: Mangia cibi sani e bilanciati, con proteine, verdure, e carboidrati complessi. Non dimenticare di bere molta acqua!
Eat healthy, balanced meals with proteins, vegetables, and complex carbs. And don't forget to drink plenty of water!

Luca: Perfetto, grazie mille per i consigli!
Perfect, thanks a lot for the tips!

Alessia: Di niente! Buona fortuna con il tuo allenamento!
You're welcome! Good luck with your training!

89. Visitare un Centro Benessere: Trattamenti Relax
Visiting a Wellness Center: Relaxing Treatments

Anna: Ciao, pensavo di andare in un centro benessere questo fine settimana. Hai mai provato qualche trattamento rilassante?
Hi, I was thinking of going to a wellness center this weekend. Have you ever tried any relaxing treatments?

Giulia: Sì, l'anno scorso ho fatto un massaggio e ho provato la sauna. È stato fantastico! Il massaggio mi ha aiutato a sciogliere tutte le tensioni.
Yes, last year I had a massage and tried the sauna. It was fantastic! The massage helped me release all my tension.

Anna: Suona meraviglioso. Pensi che valga la pena provare anche altri trattamenti, tipo l'aromaterapia?
That sounds wonderful. Do you think it's worth trying other treatments, like aromatherapy?

Giulia: Certo! L'aromaterapia è molto rilassante, soprattutto se ti piacciono le essenze naturali come lavanda e camomilla. Fa bene sia al corpo che alla mente.
Definitely! Aromatherapy is very relaxing, especially if you like natural scents like lavender and chamomile. It's good for both body and mind.

Anna: Ottimo, proverò sia il massaggio che l'aromaterapia. Grazie per i consigli!
Great, I'll try both the massage and aromatherapy. Thanks for the advice!

Giulia: Di niente, vedrai che ti sentirai rinata!
You're welcome, you'll feel refreshed!

90. Un Giro in Barchetta: Conversazioni su Lago
A Boat Ride: Conversations on the Lake

Marco: Guarda che giornata perfetta per fare un giro in barca! Il lago è calmo e c'è una leggera brezza.
Look at this perfect day for a boat ride! The lake is calm, and there's a gentle breeze.

Chiara: Sì, è meraviglioso. È così rilassante stare sull'acqua. Non facciamo questo da un sacco di tempo.
Yes, it's wonderful. It's so relaxing to be on the water. We haven't done this in ages.

Marco: È vero. La vista delle montagne dal lago è incredibile, sembra un quadro.
That's true. The view of the mountains from the lake is incredible, it looks like a painting.

Chiara: Hai ragione, ogni volta mi sorprende quanto sia bella la natura qui. Dovremmo farlo più spesso.
You're right, every time I'm amazed by how beautiful nature is here. We should do this more often.

Marco: Assolutamente. Magari la prossima volta possiamo anche fare un picnic sulla riva.
Definitely. Maybe next time we can have a picnic on the shore too.

Chiara: Ottima idea! E adesso godiamoci questo momento di pace.
Great idea! And now, let's just enjoy this peaceful moment.

Marco: D'accordo, niente di meglio di un po' di tranquillità sul lago.
Agreed, there's nothing better than some quiet time on the lake.

91. Discussione su Auto d'Epoca Italiane
Discussion about Italian Classic Cars

Marco: Hai mai visto una Lancia Fulvia o una Fiat 500 d'epoca?
Have you ever seen a vintage Lancia Fulvia or Fiat 500?

Sara: Sì, le ho viste in una mostra di auto classiche l'anno scorso. Sono dei veri capolavori dell'ingegneria italiana!
Yes, I saw them at a classic car show last year. They are true masterpieces of Italian engineering!

Marco: Concordo! Ogni volta che vedo una Ferrari 250 GTO o un'Alfa Romeo Giulia Sprint, mi sento trasportato indietro nel tempo.
I agree! Every time I see a Ferrari 250 GTO or an Alfa Romeo Giulia Sprint, I feel like I'm transported back in time.

Sara: La Ferrari 250 GTO è un sogno! Non solo per il design, ma anche per la sua storia nelle corse.
The Ferrari 250 GTO is a dream! Not just for the design, but also for its racing history.

Marco: Esatto, e poi il suono del motore è inconfondibile. Ti fa venire i brividi!
Exactly, and the sound of the engine is unmistakable. It gives you chills!

Sara: Mi piacerebbe un giorno possedere un'auto d'epoca. C'è qualcosa di affascinante nel guidare un pezzo di storia.
I'd love to own a classic car one day. There's something fascinating about driving a piece of history.

Marco: Sarebbe fantastico! Le auto d'epoca sono più che semplici veicoli, sono opere d'arte su ruote.
That would be amazing! Classic cars are more than just vehicles, they're works of art on wheels.

92. Parlare di Film Classici Italiani
Talking about Classic Italian Films

Giulia: Hai mai visto "La Dolce Vita" di Fellini?
Have you ever seen Fellini's "La Dolce Vita"?

Matteo: Certo! È uno dei film più iconici del cinema italiano. La scena con Anita Ekberg nella Fontana di Trevi è indimenticabile.
Of course! It's one of the most iconic films in Italian cinema. The scene with Anita Ekberg in the Trevi Fountain is unforgettable.

Giulia: Sì, quella scena è leggendaria. Mi piace molto anche "Il Gattopardo" di Visconti, un vero capolavoro.
Yes, that scene is legendary. I also really like Visconti's "The Leopard," a true masterpiece.

Matteo: Assolutamente. La fotografia e i costumi in quel film sono incredibili. Ogni dettaglio sembra un quadro.
Absolutely. The cinematography and costumes in that film are incredible. Every detail looks like a painting.

Giulia: E non possiamo dimenticare "Ladri di biciclette" di De Sica. Quel film ha cambiato il modo in cui il mondo vedeva il neorealismo italiano.
And we can't forget De Sica's "Bicycle Thieves." That film changed the way the world saw Italian neorealism.

Matteo: Verissimo! Ha una potenza emotiva incredibile, specialmente per la sua semplicità e umanità.
So true! It has an incredible emotional power, especially because of its simplicity and humanity.

Giulia: I film classici italiani hanno davvero lasciato un'impronta indelebile nel cinema mondiale.
Italian classic films have really left an indelible mark on world cinema.

93. Al Corso di Cucina: Imparare a Cucinare Italiano
At a Cooking Class: Learning to Cook Italian Food

Francesca: Hai mai cucinato una vera pasta alla carbonara?
Have you ever cooked a real pasta carbonara?

Luca: No, è la prima volta! Ma sembra più semplice di quanto pensassi.
No, it's my first time! But it seems easier than I thought.

Francesca: La chiave è non usare la panna, solo uova, pecorino e guanciale. È un piatto semplice, ma serve tecnica.
The key is not using cream, just eggs, pecorino, and guanciale. It's a simple dish, but it requires technique.

Luca: Interessante, non lo sapevo! Non vedo l'ora di provarla a casa. Come faccio a non far cuocere troppo le uova?
Interesting, I didn't know that! I can't wait to try it at home. How do I keep the eggs from overcooking?

Francesca: Basta aggiungere l'uovo fuori dal fuoco e mescolare velocemente. Così rimane cremosa senza strapazzarsi.
You just add the egg off the heat and stir quickly. That way it stays creamy without scrambling.

Luca: Grazie del consiglio! Mi sembra più complicato del previsto, ma ci proverò!
Thanks for the tip! It sounds more complicated than I expected, but I'll give it a try!

94. Discutere di Viaggi in Treno
Discussing Train Travel

Alessandro: Hai mai fatto un viaggio in treno attraverso l'Italia?
Have you ever taken a train trip across Italy?

Martina: Sì, l'anno scorso sono andata da Roma a Firenze in treno. È stato così rilassante e il panorama era mozzafiato.
Yes, last year I went from Rome to Florence by train. It was so relaxing, and the scenery was breathtaking.

Alessandro: Anche io adoro viaggiare in treno. È molto più comodo rispetto all'aereo, soprattutto per distanze brevi.
I love traveling by train too. It's much more comfortable than flying, especially for short distances.

Martina: Concordo! E poi, non devi preoccuparti dei controlli di sicurezza o dei ritardi.
I agree! And you don't have to worry about security checks or delays.

Alessandro: Esatto, e puoi goderti il viaggio guardando fuori dal finestrino. Il paesaggio italiano è bellissimo.
Exactly, and you can enjoy the trip by looking out the window. The Italian landscape is beautiful.

Martina: La prossima volta vorrei fare il percorso da Venezia a Milano, dicono che è incredibile.
Next time, I'd like to take the route from Venice to Milan, they say it's amazing.

95. Visitare la Campagna Italiana
Visiting the Italian Countryside

Chiara: Hai mai visitato la campagna toscana?
Have you ever visited the Tuscan countryside?

Giorgio: Sì, ci sono stato l'estate scorsa. Le colline, i vigneti, tutto sembrava uscito da un quadro!
Yes, I went there last summer. The hills, the vineyards, everything looked like it came out of a painting!

Chiara: Dev'essere stato stupendo. Ho sempre sognato di fare un giro in bicicletta tra i borghi.
That must have been amazing. I've always dreamed of cycling through the villages.

Giorgio: Lo devi fare! È un'esperienza unica. E poi, fermarsi per un pranzo all'aperto con vino locale è indimenticabile.
You have to do it! It's a unique experience. And stopping for an outdoor lunch with local wine is unforgettable.

Chiara: Suona perfetto. La campagna italiana ha un fascino che non si trova altrove.
Sounds perfect. The Italian countryside has a charm you can't find anywhere else.

Giorgio: Sì, e i tramonti lì sono spettacolari. Ogni sera sembrava un dipinto diverso.
Yes, and the sunsets there are spectacular. Every evening felt like a different painting.

Chiara: Adesso voglio davvero andarci! Magari la prossima primavera, quando tutto sarà in fiore.
Now I really want to go! Maybe next spring, when everything is in bloom.

96. Acquistare un Orologio in Gioielleria
Buying a Watch at the Jewelry Store

Valentina: Sto pensando di comprare un orologio nuovo. Hai qualche consiglio?
I'm thinking of buying a new watch. Do you have any suggestions?

Davide: Dipende da cosa cerchi. Preferisci qualcosa di classico o più moderno?
It depends on what you're looking for. Do you prefer something classic or more modern?

Valentina: Mi piace lo stile classico, magari un modello elegante che posso indossare sia per il lavoro che per le occasioni speciali.
I like the classic style, maybe an elegant model I can wear both for work and special occasions.

Davide: Allora ti consiglierei di guardare i modelli automatici, come quelli di Omega o Rolex. Sono intramontabili e di grande qualità.
Then I'd recommend looking at automatic models, like those from Omega or Rolex. They're timeless and high quality.

Valentina: Sì, ho sentito dire che durano per sempre. Pensi che dovrei prendere uno in oro o in acciaio?
Yes, I've heard they last forever. Do you think I should get one in gold or steel?

Davide: Se vuoi qualcosa che vada bene con tutto, l'acciaio è più versatile. Ma l'oro ha sicuramente un tocco di lusso in più.
If you want something that goes with everything, steel is more versatile. But gold definitely adds a touch of luxury.

97. Chiacchierare sulla Vita da Studente
Chatting about Student Life

Lorenzo: Come stanno andando le lezioni quest'anno?
How are your classes going this year?

Giulia: Sono abbastanza intense! Ho un sacco di esami e progetti da consegnare.
They're pretty intense! I have a lot of exams and projects to submit.

Lorenzo: Ti capisco! Anche io sono pieno di studio. Ma almeno ci sono le pause caffè per staccare un po'.
I understand! I'm swamped with studying too. But at least there are coffee breaks to unwind a bit.

Giulia: È vero! Quelle pause sono salvavita. A proposito, ci vediamo in biblioteca dopo pranzo per studiare insieme?
That's true! Those breaks are lifesavers. By the way, shall we meet at the library after lunch to study together?

Lorenzo: Certo, ottima idea! Magari riusciamo a motivarci a vicenda.
Sure, great idea! Maybe we can motivate each other.

Giulia: Perfetto! E dopo lo studio, magari ci prendiamo una pizza per rilassarci un po'.
Perfect! And after studying, maybe we can grab a pizza to relax a bit.

Lorenzo: Mi piace il piano! Un po' di cibo italiano è sempre la ricompensa migliore dopo una lunga giornata.
I like the plan! Some Italian food is always the best reward after a long day.

98. Parlare di Nuove Tecnologie in Italia
Talking about New Technologies in Italy

Matteo: Hai sentito parlare delle nuove startup tecnologiche che stanno nascendo in Italia?
Have you heard about the new tech startups popping up in Italy?

Alessia: Sì, sembra che l'Italia stia diventando un punto di riferimento per l'innovazione, soprattutto a Milano e Torino.
Yes, it seems like Italy is becoming a hub for innovation, especially in Milan and Turin.

Matteo: Esatto, stanno sviluppando progetti incredibili nell'intelligenza artificiale e nella sostenibilità. È davvero impressionante.
Exactly, they're developing amazing projects in artificial intelligence and sustainability. It's really impressive.

Alessia: Mi piace come queste tecnologie stiano migliorando anche la vita quotidiana, dalle app per il trasporto pubblico ai sistemi di smart home.
I like how these technologies are improving everyday life too, from public transport apps to smart home systems.

Matteo: Sì, e con il 5G in arrivo, avremo ancora più possibilità di crescita tecnologica. L'Italia sta davvero facendo passi avanti.
Yes, and with 5G coming, we'll have even more possibilities for technological growth. Italy is really making progress.

Alessia: Speriamo che queste innovazioni portino più investimenti nel paese. È un periodo entusiasmante per la tecnologia qui!
Let's hope these innovations bring more investment to the country. It's an exciting time for technology here!

Matteo: Assolutamente! Sarebbe fantastico vedere più giovani italiani coinvolti in questo settore, creando nuove opportunità di lavoro.
Absolutely! It would be great to see more young Italians involved in this sector, creating new job opportunities.

Alessia: Sì, e spero che anche le università investano di più nella formazione tecnologica. Dobbiamo prepararci per il futuro.
Yes, and I hope universities invest more in tech education too. We need to prepare for the future.

99. Al Circolo del Libro: Discussione di Lettura
At the Book Club: Discussing a Reading

Livia: Che ne pensi del libro che abbiamo letto questo mese, "Il Nome della Rosa" di Umberto Eco?
What do you think of the book we read this month, "The Name of the Rose" by Umberto Eco?

Carlo: L'ho trovato affascinante! L'intreccio tra il mistero e la filosofia mi ha tenuto incollato fino alla fine.
I found it fascinating! The blend of mystery and philosophy kept me hooked until the end.

Livia: Sono d'accordo. Anche i riferimenti storici erano incredibili. Mi è piaciuto come Eco abbia ricreato l'atmosfera del Medioevo.
I agree. The historical references were incredible too. I loved how Eco recreated the atmosphere of the Middle Ages.

Carlo: Sì, e poi i personaggi erano così ben sviluppati. Guglielmo da Baskerville è uno dei miei protagonisti preferiti, molto complesso e intelligente.
Yes, and the characters were so well developed. William of Baskerville is one of my favorite protagonists, very complex and intelligent.

Livia: Già! Mi ha colpito anche il modo in cui il romanzo esplora il potere della conoscenza e dei libri. È ancora un tema attuale.
Exactly! I was also struck by how the novel explores the power of knowledge and books. It's still such a relevant theme today.

100. Organizzare un Matrimonio Italiano
Organizing an Italian Wedding

Sofia: Hai già scelto la location per il matrimonio?
Have you already chosen the wedding venue?

Luca: Sì, ci sposeremo in una villa in Toscana. Ha un giardino stupendo e una vista mozzafiato sulle colline.
Yes, we're getting married in a villa in Tuscany. It has a beautiful garden and a breathtaking view of the hills.

Sofia: Che meraviglia! E per il cibo? Avete deciso il menù?
That sounds amazing! And for the food? Have you decided on the menu?

Luca: Sì, sarà un banchetto tradizionale italiano: antipasti, pasta fresca, e per finire, un arrosto di carne.
Yes, it will be a traditional Italian feast: appetizers, fresh pasta, and to finish, a meat roast.

Sofia: Perfetto! E la torta nuziale?
Perfect! And the wedding cake?

Luca: Sarà una millefoglie con crema chantilly e fragole, molto leggera ma deliziosa.
It will be a mille-feuille with Chantilly cream and strawberries, very light but delicious.

101. Al Corso di Lingua: Imparare l'Italiano
At a Language Course: Learning Italian

Anna: Come ti sembra il corso di italiano finora?
How do you find the Italian course so far?

Marco: Mi piace molto! La grammatica è un po' difficile, ma sto migliorando con la pratica.
I really like it! The grammar is a bit challenging, but I'm improving with practice.

Anna: Anch'io faccio fatica con i verbi, ma il vocabolario è divertente da imparare, soprattutto le parole legate al cibo.
I also struggle with the verbs, but learning vocabulary is fun, especially words related to food.

Marco: Sì, concordo! E gli insegnanti sono davvero bravi a spiegare le regole in modo chiaro.
Yes, I agree! And the teachers are really good at explaining the rules clearly.

Anna: Pensi di andare in Italia per praticare la lingua?
Are you planning to go to Italy to practice the language?

Marco: Sì, mi piacerebbe fare un viaggio quest'estate. Sarà una grande occasione per migliorare!
Yes, I'd love to take a trip this summer. It'll be a great opportunity to improve!

Anna: Anch'io sto pensando di andarci. Magari possiamo organizzare il viaggio insieme!
I'm thinking of going too. Maybe we can plan the trip together!

Marco: Sarebbe fantastico! Così possiamo parlare italiano tutto il tempo.
That would be great! We can speak Italian the whole time.

102. Discutere di Cibo Biologico
Discussing Organic Food

Marta: Hai mai provato a mangiare solo cibo biologico?
Have you ever tried eating only organic food?

Paolo: Sì, ultimamente sto cercando di comprare solo frutta e verdura biologiche. Mi sembra che abbiano un sapore migliore.
Yes, lately I've been trying to buy only organic fruits and vegetables. They seem to taste better.

Marta: Sono d'accordo! Inoltre, è più salutare perché non ci sono pesticidi.
I agree! Plus, it's healthier because there are no pesticides.

Paolo: È vero, ma a volte il cibo biologico è un po' più costoso. Tu dove lo compri di solito?
That's true, but sometimes organic food is a bit more expensive. Where do you usually buy it?

Marta: Di solito vado al mercato locale. Hanno molti prodotti biologici a prezzi più accessibili.
I usually go to the local market. They have a lot of organic products at more affordable prices.

Paolo: Ottima idea! Devo provare anch'io. Mangiare sano vale davvero l'investimento.
Great idea! I should try that too. Eating healthy is definitely worth the investment.

103. Fare una Passeggiata per le Vie di Roma
Taking a Walk through the Streets of Rome

Elena: Hai mai fatto una passeggiata per Trastevere? È uno dei miei quartieri preferiti a Roma.
Have you ever taken a walk through Trastevere? It's one of my favorite neighborhoods in Rome.

Gianni: Sì, ci sono stato l'altro giorno. Le stradine strette e i vicoli pieni di storia sono incredibili.
Yes, I was there the other day. The narrow streets and alleys full of history are amazing.

Elena: E poi ci sono tantissimi ristorantini tipici. Mi piace fermarmi per un aperitivo al tramonto.
And there are so many typical little restaurants. I love stopping for an aperitivo at sunset.

Gianni: Esatto, l'atmosfera è magica. L'altro giorno ho visto anche il Tevere illuminato di notte, bellissimo.
Exactly, the atmosphere is magical. The other day I saw the Tiber lit up at night, it was beautiful.

Elena: Roma ha davvero un fascino unico, ogni angolo nasconde qualcosa di speciale.
Rome truly has a unique charm, every corner hides something special.

Gianni: Hai ragione, è una città che non smette mai di sorprenderti.
You're right, it's a city that never stops surprising you.

104. Chiedere Informazioni su un Tour Guidato
Asking for Information about a Guided Tour

Simone: Buongiorno, vorrei avere qualche informazione sul tour guidato del Colosseo.
Good morning, I'd like to get some information about the guided tour of the Colosseum.

Guida: Certo! Il tour dura circa due ore e include anche una visita al Foro Romano.
Of course! The tour lasts about two hours and also includes a visit to the Roman Forum.

Simone: Interessante! E bisogna prenotare in anticipo?
Interesting! Do I need to book in advance?

Guida: Sì, è consigliabile prenotare online, soprattutto in alta stagione per evitare lunghe attese.
Yes, it's recommended to book online, especially during the high season to avoid long waits.

Simone: Perfetto, lo farò. Il tour è disponibile anche in inglese?
Perfect, I'll do that. Is the tour also available in English?

Guida: Sì, offriamo tour in diverse lingue, inclusi inglese, francese e spagnolo.
Yes, we offer tours in several languages, including English, French, and Spanish.

105. Descrivere un Panorama Italiano
Describing an Italian Landscape

Clara: Hai mai visto il panorama dalle colline di San Gimignano?
Have you ever seen the view from the hills of San Gimignano?

Lorenzo: Sì, è spettacolare! Le torri medievali e i vigneti si estendono a perdita d'occhio.
Yes, it's spectacular! The medieval towers and vineyards stretch as far as the eye can see.

Clara: E poi, quei campi di girasoli sotto il sole toscano... sembra un dipinto!
And those sunflower fields under the Tuscan sun... it looks like a painting!

Lorenzo: Concordo, è un paesaggio da cartolina. Mi piacerebbe tornarci in autunno, quando i colori diventano ancora più intensi.
I agree, it's a postcard-perfect landscape. I'd love to go back in the fall, when the colors become even more vibrant.

Clara: Assolutamente! La campagna italiana è bellissima in ogni stagione.
Absolutely! The Italian countryside is beautiful in every season.

106. Visitare un'Azienda di Moda
Visiting a Fashion Company

Alessia: È la prima volta che visiti un'azienda di moda italiana?
Is this your first time visiting an Italian fashion company?

Giulia: Sì, ed è incredibile vedere come ogni capo venga realizzato a mano con tanta cura per i dettagli.
Yes, and it's incredible to see how each piece is handmade with such attention to detail.

Alessia: È vero, la qualità è ciò che rende la moda italiana così speciale. Ogni tessuto viene selezionato con grande attenzione.
That's true, the quality is what makes Italian fashion so special. Every fabric is chosen with great care.

Giulia: E i designer sembrano così appassionati del loro lavoro. Puoi davvero vedere la creatività in ogni collezione.
And the designers seem so passionate about their work. You can really see the creativity in each collection.

Alessia: Esatto! Penso che sia questo che rende la moda italiana famosa in tutto il mondo.
Exactly! I think that's what makes Italian fashion famous worldwide.

107. Fare Volontariato in Italia
Doing Volunteer Work in Italy

Davide: Hai mai fatto volontariato in Italia?
Have you ever done volunteer work in Italy?

Sara: Sì, l'anno scorso ho aiutato in una mensa per i senzatetto a Milano. È stata un'esperienza davvero toccante.
Yes, last year I helped at a soup kitchen for the homeless in Milan. It was a really moving experience.

Davide: Dev'essere stato gratificante. Sto pensando di fare volontariato in un'associazione che si occupa di ripulire le spiagge.
That must have been rewarding. I'm thinking of volunteering with an organization that cleans up beaches.

Sara: Ottima idea! È un modo fantastico per prendersi cura dell'ambiente e allo stesso tempo fare qualcosa di utile.
Great idea! It's a fantastic way to take care of the environment while doing something helpful.

Davide: Sì, e poi puoi incontrare molte persone con gli stessi interessi. È un'esperienza che arricchisce sotto tanti punti di vista.
Yes, and you can meet a lot of people with the same interests. It's an enriching experience in so many ways.

Sara: Assolutamente! E poi, vedere l'impatto positivo del tuo lavoro è davvero motivante.
Absolutely! And seeing the positive impact of your work is really motivating.

108. Discutere su Come Aprire un Conto in Banca
Discussing How to Open a Bank Account

Luca: Hai mai aperto un conto in banca qui in Italia?
Have you ever opened a bank account here in Italy?

Marta: Sì, l'ho fatto qualche mese fa. È stato più facile di quanto pensassi. Hai solo bisogno di un documento d'identità e il codice fiscale.
Yes, I did it a few months ago. It was easier than I thought. You just need an ID and a tax code.

Luca: Ah, capisco. Devo fare lo stesso, ma mi chiedevo se fosse necessario anche un deposito minimo.
Oh, I see. I need to do the same, but I was wondering if a minimum deposit is required.

Marta: Dipende dalla banca, alcune richiedono un deposito minimo, altre no. Dovresti controllare le opzioni online prima di andare.
It depends on the bank, some require a minimum deposit, others don't. You should check the options online before going.

Luca: Buona idea. E per aprire un conto corrente online, è lo stesso processo?
Good idea. And for opening a bank account online, is it the same process?

Marta: Più o meno. Di solito devi inviare una copia dei documenti e fare una verifica video. È comodo, ma richiede un po' di tempo.
More or less. Usually, you have to send copies of your documents and do a video verification. It's convenient, but it takes a bit of time.

109. Parlare di Eventi Sportivi Italiani
Talking about Italian Sports Events

Francesco: Hai mai assistito a una partita di Serie A dal vivo?
Have you ever watched a Serie A match live?

Chiara: Sì, l'anno scorso sono andata a vedere un derby a Milano, l'atmosfera allo stadio era incredibile!
Yes, last year I went to see a derby in Milan, the atmosphere in the stadium was incredible!

Francesco: Dev'essere stato emozionante. Io sto pensando di andare a vedere il Gran Premio di Monza il mese prossimo.
That must have been exciting. I'm thinking of going to see the Monza Grand Prix next month.

Chiara: Anche quello deve essere fantastico! È uno degli eventi sportivi più attesi in Italia, soprattutto per gli appassionati di Formula 1.
That must be amazing too! It's one of the most anticipated sports events in Italy, especially for Formula 1 fans.

Francesco: Sì, non vedo l'ora. E poi, quest'anno potrebbe essere davvero competitivo!
Yes, I can't wait. And this year it could be really competitive!

Chiara: Sono sicura che sarà uno spettacolo da non perdere. Gli eventi sportivi in Italia hanno sempre un fascino particolare.
I'm sure it'll be a show not to miss. Sports events in Italy always have a special charm.

110. Acquistare Libri in una Libreria Locale
Buying Books at a Local Bookstore

Silvia: Cerchi qualcosa di particolare oggi?
Are you looking for something specific today?

Paolo: Sì, sto cercando un buon romanzo giallo italiano. Mi piacerebbe leggere qualcosa di nuovo.
Yes, I'm looking for a good Italian crime novel. I'd like to read something new.

Silvia: Ho sentito che "La Forma dell'Acqua" di Camilleri è molto avvincente. È parte della serie di Montalbano.
I've heard that "The Shape of Water" by Camilleri is very gripping. It's part of the Montalbano series.

Paolo: Interessante! Mi piace il genere poliziesco. Pensi che ce l'abbiano qui in libreria?
Interesting! I like detective stories. Do you think they have it here in the bookstore?

Silvia: Sicuramente. E se ti piace, puoi anche prendere il resto della serie. È molto popolare.
Definitely. And if you like it, you can get the rest of the series too. It's very popular.

Paolo: Perfetto, darò un'occhiata. Grazie per il consiglio!
Perfect, I'll check it out. Thanks for the recommendation!

111. Conversare su Piatti Vegetariani Italiani
Talking about Italian Vegetarian Dishes

Giulia: Ciao Luca, hai mai provato a cucinare piatti vegetariani italiani?
Hi Luca, have you ever tried cooking Italian vegetarian dishes?

Luca: Ciao Giulia! Sì, mi piace molto la cucina vegetariana. Hai qualche piatto preferito?
Hi Giulia! Yes, I really like vegetarian cooking. Do you have a favorite dish?

Giulia: Adoro la parmigiana di melanzane! È un classico.
I love eggplant parmigiana! It's a classic.

Luca: Anche a me piace! È semplice, ma deliziosa. Hai mai provato le lasagne vegetariane?
I like it too! It's simple but delicious. Have you ever tried vegetarian lasagna?

Giulia: Sì, con spinaci e ricotta. È un'ottima alternativa alle lasagne tradizionali.
Yes, with spinach and ricotta. It's a great alternative to traditional lasagna.

Luca: Suona buonissimo! E per antipasto, cosa preferisci?
That sounds delicious! And for appetizers, what do you prefer?

Giulia: Bruschette con pomodoro e basilico, ovviamente. Sono fresche e leggere.
Bruschetta with tomatoes and basil, of course. They're fresh and light.

Luca: Ottima scelta! Il cibo vegetariano italiano è davvero ricco di sapori.
Great choice! Italian vegetarian food is really full of flavors.

Giulia: Esatto! Alla prossima cena ti preparo qualcosa di speciale.
Exactly! Next dinner, I'll make you something special.

Luca: Non vedo l'ora! Grazie, Giulia.
I can't wait! Thanks, Giulia.

Giulia: Di niente! A presto!
You're welcome! See you soon!

112. Discutere un Viaggio in Sicilia
Discussing a Trip to Sicily

Marco: Ciao Elisa, hai mai pensato di fare un viaggio in Sicilia?
Hi Elisa, have you ever thought about taking a trip to Sicily?

Elisa: Ciao Marco! Sì, mi piacerebbe molto. Ho sentito che è un posto meraviglioso!
Hi Marco! Yes, I'd love to. I've heard it's a wonderful place!

Marco: È vero! Le spiagge sono spettacolari e il cibo è incredibile. Hai qualche città in mente da visitare?
It's true! The beaches are spectacular, and the food is amazing. Do you have any cities in mind to visit?

Elisa: Vorrei vedere Palermo e Taormina. Ho sentito che sono piene di storia e cultura.
I'd like to see Palermo and Taormina. I've heard they're full of history and culture.

Marco: Sì, Palermo ha monumenti storici incredibili, e Taormina ha una vista mozzafiato sull'Etna.
Yes, Palermo has incredible historical monuments, and Taormina has breathtaking views of Mount Etna.

Elisa: E che mi dici del cibo? Ho sentito parlare tanto dei cannoli e delle arancine.
And what about the food? I've heard so much about cannoli and arancine.

Marco: Ah, devi assolutamente provarli! I cannoli siciliani sono famosi in tutto il mondo.
Oh, you absolutely have to try them! Sicilian cannoli are famous worldwide.

Elisa: Non vedo l'ora! E magari facciamo anche una gita alle Isole Eolie.
I can't wait! And maybe we can take a trip to the Aeolian Islands too.

Marco: Ottima idea! Le Eolie sono perfette per una giornata di relax al mare.
Great idea! The Aeolian Islands are perfect for a relaxing day by the sea.

Elisa: Sembra tutto fantastico. Dobbiamo pianificare questo viaggio al più presto!
It all sounds fantastic. We need to plan this trip as soon as possible!

Marco: D'accordo! Sarà un viaggio indimenticabile.
Agreed! It'll be an unforgettable trip.

Elisa: Non vedo l'ora!
I can't wait!

113. Andare a una Sagra Paesana
Going to a Local Village Festival

Francesca: Ciao Matteo, hai sentito della sagra paesana questo weekend?
Hi Matteo, have you heard about the village festival this weekend?

Matteo: Ciao Francesca! Sì, ne ho sentito parlare. Dicono che ci saranno tante specialità locali da provare!
Hi Francesca! Yes, I've heard about it. They say there will be lots of local specialties to try!

Francesca: Esatto! Non vedo l'ora di assaggiare la porchetta e le frittelle.
Exactly! I can't wait to try the roast pork and fritters.

Matteo: Anche io! E poi ci sarà anche la musica dal vivo e i balli tradizionali.
Me too! And there will also be live music and traditional dances.

Francesca: Mi piace l'idea di vedere i balli. È un modo perfetto per immergersi nella cultura locale.
I love the idea of watching the dances. It's a perfect way to immerse yourself in the local culture.

Matteo: Concordo. Sai se ci saranno anche bancarelle con artigianato?
I agree. Do you know if there will be craft stalls as well?

Francesca: Sì, ci saranno tanti venditori che espongono prodotti fatti a mano, come ceramiche e tessuti.
Yes, there will be many vendors displaying handmade products, like ceramics and fabrics.

Matteo: Ottimo! Potremmo comprare qualche souvenir. Ti va di andarci insieme sabato pomeriggio?
Great! We could buy some souvenirs. Would you like to go together on Saturday afternoon?

Francesca: Certo! Mi sembra un'idea perfetta. Incontriamoci alle 16:00 in piazza.
Of course! Sounds like a perfect idea. Let's meet at 4:00 PM in the square.

Matteo: Perfetto, ci vediamo lì! Sarà una bella giornata.
Perfect, see you there! It'll be a great day.

Francesca: Sì, non vedo l'ora! A presto!
Yes, I can't wait! See you soon!

114. Acquistare Gioielli per un Anniversario
Buying Jewelry for an Anniversary

Lorenzo: Ciao Sofia, ho bisogno di un consiglio. Voglio comprare un gioiello per l'anniversario con Giulia.
Hi Sofia, I need some advice. I want to buy a piece of jewelry for my anniversary with Giulia.

Sofia: Ciao Lorenzo! Che bello! Hai già un'idea di cosa vorresti prendere?
Hi Lorenzo! That's great! Do you already have an idea of what you want to get?

Lorenzo: Pensavo a una collana o a un braccialetto, ma non sono sicuro di cosa le piacerebbe di più.
I was thinking of a necklace or a bracelet, but I'm not sure which she'd like more.

Sofia: Conosco Giulia, le piacciono i gioielli eleganti ma semplici. Forse una collana sottile con un piccolo ciondolo?
I know Giulia, she likes elegant but simple jewelry. Maybe a delicate necklace with a small pendant?

Lorenzo: Mi sembra una buona idea. Sai se preferisce l'oro o l'argento?
That sounds like a good idea. Do you know if she prefers gold or silver?

Sofia: Di solito indossa più argento. Penso che un ciondolo in argento con un tocco di pietra preziosa sarebbe perfetto.
She usually wears more silver. I think a silver pendant with a touch of gemstone would be perfect.

Lorenzo: Ottimo! Forse con una piccola pietra blu, visto che il blu è il suo colore preferito.
Great! Maybe with a small blue stone, since blue is her favorite color.

Sofia: Perfetto, sarà un regalo bellissimo! Sei già stato in qualche gioielleria?
Perfect, it'll be a beautiful gift! Have you been to any jewelry stores yet?

Lorenzo: Non ancora, pensavo di andare oggi pomeriggio. Hai qualche negozio da consigliarmi?
Not yet, I was thinking of going this afternoon. Do you have any stores to recommend?

Sofia: Sì, c'è una piccola gioielleria in centro che ha pezzi unici e raffinati. Dovresti dare un'occhiata lì.
Yes, there's a small jewelry shop downtown that has unique and refined pieces. You should check it out there.

Lorenzo: Grazie mille per l'aiuto, Sofia! Spero che a Giulia piacerà il regalo.
Thanks a lot for your help, Sofia! I hope Giulia will like the gift.

Sofia: Di sicuro lo adorerà! Fammi sapere come va.
She'll definitely love it! Let me know how it goes.

Lorenzo: Certo, lo farò. A presto!
Sure, I will. See you soon!

115. Al Negozi di Musica: Comprare Dischi Italiani
At the Music Store: Buying Italian Records

Davide: Ciao Chiara, vuoi venire con me al negozio di musica oggi? Voglio comprare qualche disco italiano.
Hi Chiara, do you want to come with me to the music store today? I want to buy some Italian records.

Chiara: Ciao Davide! Certo, mi piacerebbe! Hai già qualche artista in mente?
Hi Davide! Sure, I'd love to! Do you already have any artists in mind?

Davide: Pensavo di prendere qualcosa di Lucio Battisti e magari un disco di Mina. Sono dei classici.
I was thinking of getting something by Lucio Battisti and maybe a record by Mina. They're classics.

Chiara: Ottima scelta! Mina ha una voce incredibile, e Battisti è un must per ogni collezione.
Great choice! Mina has an incredible voice, and Battisti is a must for every collection.

Davide: Sì, sto cercando il suo album "Anima Latina." Ho sentito che è uno dei suoi migliori.
Yes, I'm looking for his album "Anima Latina." I've heard it's one of his best.

Chiara: È fantastico! È pieno di sperimentazione e suoni unici. E per Mina, quale disco vuoi prendere?
It's amazing! It's full of experimentation and unique sounds. And for Mina, which album do you want to get?

Davide: Stavo pensando a "Le Migliori." È una raccolta dei suoi successi più grandi.
I was thinking of "Le Migliori." It's a collection of her greatest hits.

Chiara: Non puoi sbagliare con quella! È un classico. Ti interessa anche qualche artista più recente?
You can't go wrong with that! It's a classic. Are you interested in any more recent artists as well?

Davide: Forse qualcosa di contemporaneo... ho sentito parlare di Levante, sembra interessante.
Maybe something contemporary... I've heard of Levante, she seems interesting.

Chiara: Sì, Levante è bravissima! Il suo stile è un mix di pop moderno e influenze italiane. Dovresti provarla!
Yes, Levante is great! Her style is a mix of modern pop and Italian influences. You should definitely try her!

Davide: Perfetto, cercherò anche un suo disco. Andiamo a vedere cosa troviamo!
Perfect, I'll look for one of her records too. Let's go see what we find!

Chiara: Non vedo l'ora! Sarà divertente esplorare tutta la musica italiana insieme.
I can't wait! It'll be fun exploring all the Italian music together.

Davide: Sì, sarà una giornata musicale perfetta!
Yes, it'll be a perfect musical day!

Chiara: Andiamo allora!
Let's go then!

116. Un Viaggio nella Storia Italiana
A Journey into Italian History

Gianni: Ciao Lucia, hai mai pensato di fare un viaggio storico in Italia?
Hi Lucia, have you ever thought about taking a historical trip around Italy?

Lucia: Ciao Gianni! Sì, sarebbe incredibile visitare posti come Roma e Firenze.
Hi Gianni! Yes, it would be amazing to visit places like Rome and Florence.

Gianni: Assolutamente! Il Colosseo, la Cappella Sistina... ogni angolo è pieno di storia.
Absolutely! The Colosseum, the Sistine Chapel... every corner is full of history.

Lucia: E poi Firenze, con il Duomo e la Galleria degli Uffizi. Arte e storia ovunque!
And then Florence, with the Duomo and the Uffizi Gallery. Art and history everywhere!

Gianni: Potremmo anche visitare Pompei, per vedere le rovine antiche. Sarebbe affascinante.
We could also visit Pompeii to see the ancient ruins. It would be fascinating.

Lucia: Sì, e magari fare una sosta a Venezia per vedere la sua storia unica sull'acqua!
Yes, and maybe stop in Venice to see its unique history on the water!

117. Discutere il Palio di Siena
Discussing the Palio of Siena

Alessandro: Ciao Marta, hai mai assistito al Palio di Siena?
Hi Marta, have you ever watched the Palio of Siena?

Marta: Ciao Alessandro! No, ma mi piacerebbe molto. Deve essere un evento davvero emozionante!
Hi Alessandro! No, but I'd love to. It must be such an exciting event!

Alessandro: È incredibile! Le contrade si sfidano in una corsa a cavallo piena di passione.
It's incredible! The districts compete in a passionate horse race.

Marta: Dev'essere fantastico vedere tutta la città unita per sostenere la propria contrada.
It must be amazing to see the whole city united, cheering for their district.

Alessandro: Sì, l'atmosfera è elettrizzante, e le tradizioni sono così radicate. Dovremmo andarci insieme l'anno prossimo!
Yes, the atmosphere is electric, and the traditions are so deep-rooted. We should go together next year!

Marta: Assolutamente, non vedo l'ora di vivere questa esperienza unica! E magari possiamo visitare anche il Duomo di Siena.
Absolutely, I can't wait to experience this unique event! And maybe we can visit the Siena Cathedral too.

Alessandro: Ottima idea! Così uniamo storia e tradizione in un solo viaggio.
Great idea! That way, we combine history and tradition in one trip.

118. Fare Amicizia in Italia: Come Iniziare
Making Friends in Italy: How to Start

Luca: Ciao Valeria, hai qualche consiglio su come fare amicizia qui in Italia?
Hi Valeria, do you have any tips on how to make friends here in Italy?

Valeria: Ciao Luca! Certo! Il modo migliore è iniziare una conversazione in modo amichevole. Magari complimentati su qualcosa, tipo il caffè o il luogo.
Hi Luca! Of course! The best way is to start a conversation in a friendly way. Maybe compliment something, like the coffee or the place.

Luca: Ottimo consiglio! E dopo, come si continua la conversazione?
Great advice! And after that, how do you keep the conversation going?

Valeria: Chiedi di loro, delle loro passioni o interessi. Gli italiani adorano parlare di cibo, calcio e famiglia.
Ask about them, their passions or interests. Italians love to talk about food, soccer, and family.

Luca: Interessante! Pensi che partecipare a eventi locali aiuti?
Interesting! Do you think attending local events helps?

Valeria: Assolutamente! Sagre, mercatini, o anche un aperitivo al bar sono ottimi per conoscere gente.
Absolutely! Festivals, markets, or even an aperitif at a bar are great for meeting people.

Luca: Perfetto! Proverò a essere più socievole. Grazie per i consigli!
Perfect! I'll try to be more social. Thanks for the tips!

Valeria: Di niente! Vedrai, fare amicizia in Italia è più facile di quanto pensi.
You're welcome! You'll see, making friends in Italy is easier than you think.

119. Organizzare una Gita al Mare
Organizing a Trip to the Sea

Chiara: Ciao Davide, ti va di organizzare una gita al mare questo weekend?
Hi Davide, would you like to organize a trip to the sea this weekend?

Davide: Ciao Chiara! Ottima idea! Dove pensavi di andare?
Hi Chiara! Great idea! Where were you thinking of going?

Chiara: Pensavo a Sorrento, è vicino e le spiagge sono bellissime.
I was thinking of Sorrento, it's close and the beaches are beautiful.

Davide: Sì, Sorrento è perfetta! Dovremmo partire presto per evitare il traffico.
Yes, Sorrento is perfect! We should leave early to avoid traffic.

Chiara: D'accordo! Portiamo anche del cibo per un picnic in spiaggia?
Agreed! Should we bring some food for a picnic on the beach?

Davide: Ottima idea! Io porto panini e frutta, tu pensi alle bevande?
Great idea! I'll bring sandwiches and fruit, can you take care of the drinks?

Chiara: Certo, ci penso io. Sarà una giornata fantastica!
Sure, I'll handle it. It's going to be a fantastic day!

Davide: Non vedo l'ora!
I can't wait!

120. Parlare di Fotografia e Arte Visiva
Talking about Photography and Visual Art

Giulia: Ciao Marco, ho visto che ti piace la fotografia. Scatti spesso?
Hi Marco, I saw you like photography. Do you shoot often?

Marco: Ciao Giulia! Sì, è una mia grande passione. Mi piace catturare paesaggi e ritratti.
Hi Giulia! Yes, it's a big passion of mine. I love capturing landscapes and portraits.

Giulia: Che bello! Hai mai provato la fotografia in bianco e nero? È così affascinante per l'arte visiva.
That's great! Have you ever tried black-and-white photography? It's so fascinating for visual art.

Marco: Sì, lo trovo molto espressivo. Il contrasto e le ombre creano un'atmosfera unica.
Yes, I find it very expressive. The contrast and shadows create a unique atmosphere.

Giulia: Concordo! Anche l'arte visiva in generale mi affascina. Penso che la fotografia possa raccontare storie incredibili.
I agree! Visual art in general fascinates me. I think photography can tell incredible stories.

Marco: Esatto! Ogni immagine ha un messaggio nascosto. Ti piacerebbe andare a una mostra di fotografia un giorno?
Exactly! Every image has a hidden message. Would you like to go to a photography exhibition one day?

Giulia: Mi piacerebbe molto! Sarebbe un bel modo per esplorare diverse forme d'arte insieme.
I'd love to! It would be a great way to explore different forms of art together.

121. Fare un Progetto di Volontariato
Doing a Volunteer Project

Luca: Ciao Serena, hai mai pensato di fare un progetto di volontariato?
Hi Serena, have you ever thought about doing a volunteer project?

Serena: Ciao Luca! Sì, ci stavo proprio pensando. Vorrei fare qualcosa per aiutare l'ambiente.
Hi Luca! Yes, I was just thinking about it. I'd like to do something to help the environment.

Luca: Ottimo! Potremmo organizzare una giornata di pulizia in spiaggia. Cosa ne pensi?
Great! We could organize a beach cleanup day. What do you think?

Serena: Mi sembra una splendida idea! Potremmo coinvolgere anche altri amici per dare una mano.
I think it's a wonderful idea! We could also get some friends involved to help out.

Luca: Perfetto! In più, potremmo collaborare con qualche associazione locale per raccogliere fondi.
Perfect! We could also collaborate with a local organization to raise funds.

Serena*: Sì, così avremmo un impatto ancora maggiore. Dobbiamo metterci subito al lavoro!*
Yes, that way we'd have an even bigger impact. We need to get started right away!

Luca: D'accordo, organizziamo tutto questo weekend!
Agreed, let's organize everything this weekend!

122. Chiacchierare su Tradizioni Natalizie
Chatting about Christmas Traditions

Francesca: Ciao Matteo, come festeggi il Natale di solito?
Hi Matteo, how do you usually celebrate Christmas?

Matteo: Ciao Francesca! Di solito lo passo con la famiglia. Ci riuniamo per il cenone della Vigilia e apriamo i regali a mezzanotte. E tu?
Hi Francesca! I usually spend it with my family. We gather for Christmas Eve dinner and open presents at midnight. What about you?

Francesca: Anche noi facciamo il cenone, ma aspettiamo il giorno di Natale per aprire i regali. Mi piace decorare l'albero e il presepe.
We also have Christmas Eve dinner, but we wait until Christmas Day to open presents. I love decorating the tree and the nativity scene.

Matteo: Sì, anche il presepe è una tradizione importante per noi. Ogni anno aggiungiamo un nuovo personaggio.
Yes, the nativity scene is an important tradition for us too. Every year we add a new character.

Francesca: Che bello! E per quanto riguarda il cibo, avete qualche piatto tipico?
That's wonderful! And what about food, do you have any traditional dishes?

Matteo: Sì, prepariamo sempre i tortellini in brodo e il panettone. Sono immancabili a Natale!
Yes, we always make tortellini in broth and panettone. They're a must for Christmas!

Francesca: Il panettone è anche il mio dolce preferito! Natale è davvero magico.
Panettone is my favorite dessert too! Christmas really is magical.

123. Fare una Scampagnata Italiana
Going on an Italian Picnic

Elena: Ciao Marco, che ne dici di fare una scampagnata questo weekend?
Hi Marco, what do you think about going on a picnic this weekend?

Marco: Ciao Elena! Ottima idea! Dove pensavi di andare?
Hi Elena! Great idea! Where were you thinking of going?

Elena: Pensavo a un posto tranquillo in campagna, vicino al lago. Possiamo portare del buon cibo italiano.
I was thinking of a quiet spot in the countryside, near the lake. We can bring some good Italian food.

Marco: Perfetto! Possiamo fare dei panini con prosciutto e formaggio, e magari una crostata per dessert.
Perfect! We can make sandwiches with prosciutto and cheese, and maybe a tart for dessert.

Elena: Sì! E non dimentichiamo il vino e l'olio d'oliva per il pane. Renderà tutto più autentico.
Yes! And let's not forget the wine and olive oil for the bread. It will make everything more authentic.

Marco: Suona benissimo! Ci vediamo sabato mattina, allora?
Sounds great! See you Saturday morning, then?

Elena: D'accordo, non vedo l'ora di rilassarmi al sole e gustare il nostro picnic italiano!
Agreed, I can't wait to relax in the sun and enjoy our Italian picnic!

124. Discussione su Mostre d'Arte
Discussing Art Exhibitions

Alessia: Ciao Paolo, hai sentito della nuova mostra d'arte contemporanea in città?
Hi Paolo, have you heard about the new contemporary art exhibition in town?

Paolo: Ciao Alessia! Sì, ne ho sentito parlare. Pare che ci siano opere davvero innovative. Stai pensando di andarci?
Hi Alessia! Yes, I've heard about it. Apparently, there are some really innovative pieces. Are you thinking of going?

Alessia: Sì, mi piacerebbe molto. Mi affascina vedere come gli artisti moderni interpretano la realtà.
Yes, I'd love to. I'm fascinated by how modern artists interpret reality.

Paolo: Anch'io! L'arte contemporanea spesso rompe con le convenzioni tradizionali e offre nuove prospettive.
Me too! Contemporary art often breaks with traditional conventions and offers new perspectives.

Alessia: Esattamente. Penso che visitare mostre sia un modo perfetto per stimolare la creatività.
Exactly. I think visiting exhibitions is a perfect way to stimulate creativity.

Paolo: Concordo! Dovremmo andare insieme questo weekend e magari fare una passeggiata al museo.
I agree! We should go together this weekend and maybe take a walk through the museum.

Alessia: Ottima idea! Sarà interessante vedere quali opere ci colpiranno di più.
Great idea! It'll be interesting to see which pieces impact us the most.

125. Conversare su Antiche Tradizioni Italiane
Talking about Ancient Italian Traditions

Martina: Ciao Lorenzo, conosci qualche antica tradizione italiana che si pratica ancora oggi?
Hi Lorenzo, do you know any ancient Italian traditions that are still practiced today?

Lorenzo: Ciao Martina! Sì, una delle più famose è la festa della "Befana" il 6 gennaio, legata all'Epifania. Si racconta che una vecchietta porti dolci ai bambini.
Hi Martina! Yes, one of the most famous is the "Befana" celebration on January 6th, tied to Epiphany. The story goes that an old lady brings sweets to children.

Martina: Interessante! Ho sempre trovato affascinante come queste storie antiche siano ancora vive nella cultura moderna.
Interesting! I've always found it fascinating how these old stories are still alive in modern culture.

Lorenzo: Sì, è lo stesso per il Palio di Siena. Anche se risale al Medioevo, la corsa a cavallo è ancora un evento centrale in Toscana.
Yes, it's the same for the Palio of Siena. Even though it dates back to the Middle Ages, the horse race is still a central event in Tuscany.

Martina: Esatto, ed è bello vedere come ogni regione mantenga vive le proprie tradizioni. Dovremmo partecipare a uno di questi eventi.
Exactly, and it's great to see how each region keeps its traditions alive. We should attend one of these events.

Lorenzo: Sarebbe fantastico! È un ottimo modo per connettersi con le radici storiche dell'Italia.
That would be fantastic! It's a great way to connect with Italy's historical roots.

126. Un Incontro di Lavoro a Milano
A Business Meeting in Milan

Giovanni: Ciao Laura, sei pronta per l'incontro di lavoro a Milano la prossima settimana?
Hi Laura, are you ready for the business meeting in Milan next week?

Laura: Ciao Giovanni! Sì, ho preparato la presentazione, ma sono un po' nervosa. È la prima volta che incontro questi clienti.
Hi Giovanni! Yes, I've prepared the presentation, but I'm a little nervous. It's the first time I'm meeting these clients.

Giovanni: Non preoccuparti, saranno interessati al nostro progetto. Milano è perfetta per fare networking.
Don't worry, they'll be interested in our project. Milan is perfect for networking.

Laura: Hai ragione. E poi sarà una buona occasione per mostrare il nostro nuovo prodotto.
You're right. And it will be a great opportunity to showcase our new product.

Giovanni: Esattamente. Dopo l'incontro, potremmo anche pianificare una cena con i clienti per rafforzare i rapporti.
Exactly. After the meeting, we could plan a dinner with the clients to strengthen our relationship.

Laura: Ottima idea! Sarà una buona occasione per discutere di possibili collaborazioni future.
Great idea! It'll be a good chance to discuss potential future collaborations.

Giovanni: Perfetto, vedrai che andrà tutto bene. Milano è sempre un'ottima cornice per gli affari.
Perfect, you'll see everything will go well. Milan is always a great setting for business.

Laura: Speriamo! Ci vediamo lunedì per partire insieme.
Let's hope so! See you on Monday to leave together.

127. Discutere di Politica Italiana Moderna
Discussing Modern Italian Politics

Federico: Ciao Claudia, cosa ne pensi della situazione politica italiana attuale?
Hi Claudia, what do you think about the current Italian political situation?

Claudia: Ciao Federico! È complicata, come sempre. Ci sono molti partiti, ma sembra che ci sia poca stabilità.
Hi Federico! It's complicated, as always. There are many parties, but there seems to be little stability.

Federico: Sì, ogni governo fatica a durare a lungo. La frammentazione politica rende difficile prendere decisioni durature.
Yes, every government struggles to last long. Political fragmentation makes it hard to make lasting decisions.

Claudia: Concordo. Pensi che la coalizione attuale riuscirà a governare con successo?
I agree. Do you think the current coalition will manage to govern successfully?

Federico: È difficile dirlo. C'è sempre molta tensione tra i vari partiti. Devono trovare compromessi, ma non è facile.
It's hard to say. There's always a lot of tension between the different parties. They need to find compromises, but it's not easy.

Claudia: Infatti. Spero che riescano a portare avanti riforme importanti, soprattutto in campo economico e sociale.
Exactly. I hope they can push through important reforms, especially in the economic and social fields.

Federico: Lo spero anch'io. L'Italia ha bisogno di stabilità per poter crescere e affrontare le sfide globali.
I hope so too. Italy needs stability to grow and face global challenges.

Claudia: Vedremo cosa succederà nei prossimi mesi. La politica italiana è sempre imprevedibile!
We'll see what happens in the coming months. Italian politics is always unpredictable!

128. Acquistare Arte in una Galleria
Buying Art at a Gallery

Silvia: Ciao Matteo, sei mai stato a una galleria d'arte per acquistare un'opera?
Hi Matteo, have you ever been to an art gallery to buy a piece?

Matteo: Ciao Silvia! Sì, ci sono stato una volta, ma è sempre difficile scegliere. Ci sono così tante opere straordinarie!
Hi Silvia! Yes, I've been once, but it's always hard to choose. There are so many amazing pieces!

Silvia: Capisco. Cosa guardi di solito quando scegli un'opera d'arte?
I see. What do you usually look for when choosing a piece of art?

Matteo: Mi piace qualcosa che trasmetta emozione, che mi faccia riflettere. E ovviamente, deve stare bene nel mio salotto!
I like something that conveys emotion, that makes me think. And of course, it has to look good in my living room!

Silvia: Ahah, giusto! Io invece amo i colori vivaci e le opere astratte. Penso che diano energia a qualsiasi stanza.
Haha, right! I, on the other hand, love vibrant colors and abstract pieces. I think they bring energy to any room.

Matteo: Ottima scelta! Forse dovrei iniziare a esplorare più opere astratte. Potremmo visitare una galleria insieme e darmi qualche consiglio?
Great choice! Maybe I should start exploring more abstract art. Could we visit a gallery together, and you give me some advice?

Silvia: Con piacere! Ci sono alcune mostre interessanti questo mese. Sarà divertente esplorare insieme!
I'd love to! There are some interesting exhibitions this month. It'll be fun to explore together!

Matteo: Perfetto, non vedo l'ora!
Perfect, I can't wait!

129. Parlare di Letteratura Italiana
Talking about Italian Literature

Anna: Ciao Roberto, leggi spesso libri di letteratura italiana?
Hi Roberto, do you often read Italian literature?

Roberto: Ciao Anna! Sì, mi piace molto. Autori come Italo Calvino e Umberto Eco sono tra i miei preferiti.
Hi Anna! Yes, I enjoy it a lot. Authors like Italo Calvino and Umberto Eco are among my favorites.

Anna: Anch'io adoro Calvino, soprattutto Le città invisibili. È un libro che stimola la fantasia.
I love Calvino too, especially Invisible Cities. It's a book that really stimulates the imagination.

Roberto: Assolutamente, è un capolavoro! E di Dante cosa ne pensi? La Divina Commedia è una delle opere più influenti di sempre.
Absolutely, it's a masterpiece! And what do you think of Dante? The Divine Comedy is one of the most influential works ever.

Anna: Concordo! È impressionante come, dopo secoli, i temi trattati da Dante siano ancora attuali.
I agree! It's impressive how, after centuries, the themes Dante discusses are still relevant.

Roberto: Esatto. È straordinario come la letteratura italiana abbia influenzato non solo l'Italia, ma tutto il mondo.
Exactly. It's amazing how Italian literature has influenced not just Italy, but the whole world.

Anna: Sì, e ci sono tanti altri autori da scoprire. Mi piace anche leggere scrittori contemporanei come Elena Ferrante.
Yes, and there are so many other authors to discover. I also enjoy reading contemporary writers like Elena Ferrante.

Roberto: Ferrante è bravissima! I suoi romanzi catturano perfettamente l'animo umano. Dovremmo parlarne di più la prossima volta!
Ferrante is amazing! Her novels capture the human soul perfectly. We should talk more about it next time!

Anna: Certo, sarà un'ottima conversazione!
Sure, it'll be a great conversation!

130. Fare Amicizia con un Italiano
Making Friends with an Italian

Luca: Ciao Sara, come hai fatto amicizia con gli italiani quando sei venuta qui?
Hi Sara, how did you make friends with Italians when you came here?

Sara: Ciao Luca! All'inizio è stato un po' difficile, ma ho scoperto che gli italiani sono molto amichevoli una volta che inizi a parlare.
Hi Luca! At first, it was a bit difficult, but I found that Italians are very friendly once you start talking.

Luca: Interessante. Hai qualche consiglio per rompere il ghiaccio?
Interesting. Do you have any tips for breaking the ice?

Sara: Sicuramente! Inizia con un complimento o chiedi consigli su qualcosa locale, come un ristorante o un caffè. Gli italiani adorano parlare di cibo!
Definitely! Start with a compliment or ask for advice on something local, like a restaurant or a café. Italians love talking about food!

Luca: Mi piace l'idea! Proverò ad essere più aperto e coinvolgente nelle mie conversazioni.
I like that idea! I'll try to be more open and engaging in my conversations.

Sara: Funzionerà! Vedrai che presto avrai tanti amici italiani.
It'll work! You'll see, soon you'll have many Italian friends.

131. Conversare su Abitudini Alimentari
Talking about Eating Habits

Marco: Ciao Elena, ho notato che gli italiani hanno delle abitudini alimentari molto diverse rispetto a noi.
Hi Elena, I've noticed that Italians have very different eating habits compared to us.

Elena: Ciao Marco! Sì, è vero. Gli italiani prendono molto sul serio i pasti, specialmente il pranzo e la cena.
Hi Marco! Yes, that's true. Italians take meals very seriously, especially lunch and dinner.

Marco: Interessante. Cosa pensi sia la cosa più importante da sapere sulle abitudini alimentari qui?
Interesting. What do you think is the most important thing to know about eating habits here?

Elena: Beh, per cominciare, il caffè dopo pranzo o cena è un rito quasi sacro! E anche il fatto che non si beve mai il cappuccino dopo mezzogiorno.
Well, for starters, having coffee after lunch or dinner is almost a sacred ritual! And also, you never drink cappuccino after noon.

Marco: Non lo sapevo! Devo ricordarmi di non ordinare il cappuccino a cena allora.
I didn't know that! I'll have to remember not to order cappuccino at dinner then.

Elena: Esatto! E ricorda, il pasto è un momento per stare insieme, quindi prenditi il tuo tempo e goditelo.
Exactly! And remember, meals are a time to be together, so take your time and enjoy it.

Marco: Grazie del consiglio! Sono curioso di provare queste abitudini italiane.
Thanks for the advice! I'm curious to try these Italian habits.

132. Visitare una Città Medievale Italiana
Visiting a Medieval Italian City

Giulia: Ciao Fabio! Hai mai visitato una città medievale in Italia?
Hi Fabio! Have you ever visited a medieval city in Italy?

Fabio: Ciao Giulia! Sì, lo scorso mese sono stato a San Gimignano, è come fare un salto indietro nel tempo!
Hi Giulia! Yes, last month I visited San Gimignano, it's like stepping back in time!

Giulia: Deve essere stata un'esperienza incredibile. Cosa ti ha colpito di più?
That must have been an incredible experience. What impressed you the most?

Fabio: Le torri medievali sono spettacolari! Ogni angolo ha qualcosa di affascinante, e le strade strette sono piene di storia.
The medieval towers are spectacular! Every corner has something fascinating, and the narrow streets are full of history.

Giulia: Mi piacerebbe andarci. Consiglieresti di visitare qualche altro posto?
I'd love to go there. Would you recommend visiting any other places?

Fabio: Assolutamente! Siena e Volterra sono altre due città medievali che meritano una visita. La loro architettura e atmosfera sono uniche.
Absolutely! Siena and Volterra are two other medieval cities worth visiting. Their architecture and atmosphere are unique.

Giulia: Fantastico! Non vedo l'ora di esplorare queste città e scoprire un po' di storia italiana.
Fantastic! I can't wait to explore these cities and discover some Italian history.

133. Acquistare Biglietti per uno Spettacolo
Buying Tickets for a Show

Alessandro: Ciao Martina, hai già preso i biglietti per lo spettacolo di stasera?
Hi Martina, have you already bought the tickets for tonight's show?

Martina: Ciao Alessandro! No, non ancora. Sai dove possiamo comprarli?
Hi Alessandro! No, not yet. Do you know where we can buy them?

Alessandro: Sì, possiamo prenderli online o direttamente alla biglietteria del teatro. Preferisci prenderli ora online?
Yes, we can buy them online or directly at the theater's ticket office. Do you prefer buying them online now?

Martina: Sì, mi sembra più comodo. Sai se ci sono ancora posti disponibili?
Yes, that seems more convenient. Do you know if there are still seats available?

Alessandro: Ho controllato prima, ci sono ancora alcuni posti liberi, ma dobbiamo sbrigarci!
I checked earlier, there are still some seats available, but we need to hurry!

Martina: Perfetto, allora prendiamoli subito. Non vedo l'ora di vedere lo spettacolo!
Perfect, let's get them right away. I can't wait to see the show!

Alessandro: Anch'io! Sarà una serata fantastica.
Me too! It's going to be a fantastic evening.

134. Parlare di Cultura Digitale in Italia
Talking about Digital Culture in Italy

Federico: Ciao Laura, hai notato come la cultura digitale stia cambiando in Italia negli ultimi anni?
Hi Laura, have you noticed how digital culture has been changing in Italy in recent years?

Laura: Ciao Federico! Sì, è incredibile. Sempre più persone usano piattaforme digitali per lavoro e svago.
Hi Federico! Yes, it's amazing. More and more people are using digital platforms for work and leisure.

Federico: Già, e anche il modo in cui interagiamo online è molto diverso ora. Ti sembra che l'Italia sia al passo con gli altri Paesi europei?
Yeah, and the way we interact online is very different now too. Do you think Italy is keeping up with other European countries?

Laura: In alcuni settori sì, soprattutto con l'e-commerce e il lavoro da remoto. Ma credo ci sia ancora un po' di strada da fare, soprattutto con la digitalizzazione dei servizi pubblici.
In some areas, yes, especially with e-commerce and remote work. But I think there's still some progress to be made, especially with the digitalization of public services.

Federico: Sono d'accordo. La digitalizzazione nelle scuole e nelle università è migliorata molto però, specialmente durante la pandemia.
I agree. The digitalization in schools and universities has improved a lot though, especially during the pandemic.

Laura: Sì, è vero. Anche se c'è ancora bisogno di migliorare l'infrastruttura internet in alcune aree del Paese.
Yes, that's true. Although there's still a need to improve internet infrastructure in some parts of the country.

Federico: Esatto. Ma con il tempo, credo che l'Italia stia facendo grandi passi avanti verso una cultura digitale più avanzata.
Exactly. But with time, I believe Italy is making great strides towards a more advanced digital culture.

Laura: Speriamo! È un cambiamento importante per il futuro.
Let's hope so! It's an important change for the future.

135. Fare un Giro in Vespa: Conversazione
Taking a Vespa Ride: Conversation

Lorenzo: Ciao Chiara! Vuoi fare un giro in Vespa questo pomeriggio? Pensavo di andare verso il centro storico e fermarci per un gelato lungo il percorso.
Hi Chiara! Do you want to take a Vespa ride this afternoon? I was thinking of heading towards the historic center and stopping for gelato along the way.

Chiara: Ciao Lorenzo! Certo, mi piacerebbe un sacco. Adoro passeggiare per le vie del centro, soprattutto in Vespa. Dove andiamo esattamente?
Hi Lorenzo! Sure, I'd love to. I love cruising through the streets of the city center, especially on a Vespa. Where are we heading exactly?

Lorenzo: Pensavo di fare una sosta al Colosseo per qualche foto e poi proseguire verso il Gianicolo. Il traffico non sembra troppo male oggi, quindi dovremmo goderci il giro.
I was thinking of stopping by the Colosseum for some photos and then heading towards Gianicolo Hill. The traffic doesn't seem too bad today, so we should enjoy the ride.

Chiara: Ottima idea! Le viste saranno stupende con questa luce. Non vedo l'ora di fare qualche scatto e godermi la città.
Great idea! The views will be stunning with this light. I can't wait to take some shots and enjoy the city.

Lorenzo: Sarà fantastico! Pronti a partire?
It's going to be amazing! Ready to go?

Chiara: Assolutamente! Andiamo, che l'avventura inizia!
Absolutely! Let's go, the adventure begins!

136. Discutere la Musica Italiana Contemporanea
Discussing Contemporary Italian Music

Davide: Ciao Silvia, cosa ne pensi della musica italiana contemporanea?
Hi Silvia, what do you think about contemporary Italian music?

Silvia: Ciao Davide! Mi piace molto, ci sono tanti artisti nuovi che stanno portando freschezza alla scena musicale.
Hi Davide! I really like it, there are so many new artists bringing freshness to the music scene.

Davide: È vero! Artisti come Mahmood, Måneskin e Ultimo stanno facendo parlare molto di sé. Hai qualche preferito?
That's true! Artists like Mahmood, Måneskin, and Ultimo are getting a lot of attention. Do you have a favorite?

Silvia: Adoro Mahmood! Le sue canzoni hanno un mix interessante di pop e influenze etniche. E tu?
I love Mahmood! His songs have an interesting mix of pop and ethnic influences. What about you?

Davide: Sono un fan dei Måneskin. Il loro stile rock mi ricorda le grandi band del passato, ma con un tocco moderno.
I'm a fan of Måneskin. Their rock style reminds me of the great bands of the past, but with a modern twist.

Silvia: Sì, hanno davvero riportato il rock in Italia a un livello internazionale. È bello vedere tanta varietà nella musica italiana di oggi.
Yes, they really brought rock back to an international level in Italy. It's great to see so much variety in today's Italian music.

Davide: Concordo. Penso che la musica italiana stia vivendo un bel periodo di rinascita. Ci sono tanti generi e nuovi talenti da scoprire.
I agree. I think Italian music is going through a nice period of revival. There are so many genres and new talents to discover.

Silvia: Assolutamente! Non vedo l'ora di vedere cosa ci riserverà il futuro della musica italiana.
Absolutely! I can't wait to see what the future of Italian music will bring.

137. Chiacchiere con un Artista di Strada
Chatting with a Street Artist

Matteo: Ciao! Ho visto il tuo spettacolo, sei davvero bravo. Da quanto tempo fai l'artista di strada?
Hi! I saw your performance, you're really good. How long have you been a street artist?

Artista: Ciao, grazie mille! Faccio l'artista di strada da circa cinque anni. È un lavoro che amo, ogni giorno è diverso.
Hi, thank you so much! I've been a street artist for about five years. It's a job I love, every day is different.

Matteo: Deve essere affascinante. Cosa ti ha ispirato a scegliere questa vita?
That must be fascinating. What inspired you to choose this life?

Artista: Fin da piccolo ho sempre amato esibirmi. Suonavo la chitarra per gli amici, e un giorno ho deciso di portare la mia musica in strada. La connessione con il pubblico è unica.
Ever since I was a kid, I've always loved performing. I used to play guitar for friends, and one day I decided to take my music to the streets. The connection with the audience is unique.

Matteo: Capisco. E trovi che la gente apprezzi la tua musica?
I see. And do you find that people appreciate your music?

Artista: Sì, la maggior parte delle persone è molto generosa e curiosa. A volte qualcuno si ferma per chiacchierare, come stai facendo tu ora, ed è sempre bello condividere la mia storia.
Yes, most people are very generous and curious. Sometimes someone stops to chat, like you're doing now, and it's always nice to share my story.

Matteo: È un'esperienza fantastica! Ti auguro il meglio per i tuoi spettacoli. Continuerò a seguirti!
That's an amazing experience! I wish you the best with your performances. I'll keep following your work!

Artista: Grazie mille! Spero di rivederti presto in mezzo al pubblico.
Thank you so much! I hope to see you again in the audience soon.

138. Conversare con un Tatuatore Italiano
Talking with an Italian Tattoo Artist

Luca: Ciao! Sto pensando di farmi un tatuaggio, ma non sono sicuro di cosa scegliere. Hai qualche consiglio?
Hi! I'm thinking about getting a tattoo, but I'm not sure what to choose. Do you have any advice?

Tatuatore: Ciao! Certo, dipende molto da cosa vuoi esprimere con il tatuaggio. Ti piace qualcosa di simbolico o preferisci uno stile più artistico?
Hi! Of course, it really depends on what you want to express with the tattoo. Do you like something symbolic or do you prefer a more artistic style?

Luca: Mi piacciono molto i simboli, qualcosa che rappresenti la mia famiglia o un valore importante.
I really like symbols, something that represents my family or an important value.

Tatuatore: Ottimo! Possiamo lavorare su un disegno personalizzato che incorpori quei significati. Molti scelgono elementi come alberi genealogici o simboli di forza e unità.
Great! We can work on a custom design that incorporates those meanings. Many people choose elements like family trees or symbols of strength and unity.

Luca: Mi piace l'idea dell'albero genealogico. Può essere qualcosa di semplice, ma con un tocco artistico.
I like the idea of a family tree. It can be something simple, but with an artistic touch.

Tatuatore: Perfetto! Possiamo giocare con i dettagli per renderlo unico. Vuoi che sia in bianco e nero o preferisci qualche colore?
Perfect! We can play with the details to make it unique. Do you want it in black and white or would you prefer some color?

Luca: Penso che il bianco e nero sia più il mio stile. Forse qualche ombreggiatura per dare profondità.
I think black and white suits my style more. Maybe some shading to add depth.

Tatuatore: Ottima scelta! Il bianco e nero con l'ombreggiatura può dare un effetto davvero elegante. Quando vuoi iniziare?
Great choice! Black and white with shading can give a really elegant effect. When do you want to start?

Luca: Forse la prossima settimana. Non vedo l'ora di vedere il disegno!
Maybe next week. I can't wait to see the design!

Tatuatore: Perfetto, ti preparo un bozzetto per allora. Sarà un tatuaggio fantastico!
Perfect, I'll have a sketch ready by then. It's going to be an amazing tattoo!

139. Discutere di Viaggi in Auto in Italia
Discussing Road Trips in Italy

Giovanni: Ciao Elena, hai mai fatto un viaggio in auto attraverso l'Italia?
Hi Elena, have you ever taken a road trip across Italy?

Elena: Ciao Giovanni! Sì, l'anno scorso ho fatto un viaggio da Milano fino alla Costiera Amalfitana. È stato incredibile!
Hi Giovanni! Yes, last year I took a trip from Milan to the Amalfi Coast. It was incredible!

Giovanni: Wow, deve essere stato bellissimo. Quali posti hai visitato lungo il percorso?
Wow, that must have been beautiful. What places did you visit along the way?

Elena: Ho fatto tappe a Bologna, Firenze e Roma prima di arrivare alla costiera. Ogni città aveva qualcosa di speciale, ma guidare lungo la costa è stato davvero indimenticabile.
I stopped in Bologna, Florence, and Rome before reaching the coast. Every city had something special, but driving along the coast was truly unforgettable.

Giovanni: Posso immaginare! Stavo pensando di fare un viaggio simile, ma non so quale itinerario scegliere. Hai qualche consiglio?
I can imagine! I was thinking of doing a similar trip, but I'm not sure what itinerary to choose. Do you have any advice?

Elena: Dipende da cosa ti interessa. Se ti piace la storia e la cultura, fermarti nelle città d'arte è un must. Se preferisci la natura, considera un percorso lungo le Alpi o le Dolomiti.
It depends on what you're interested in. If you like history and culture, stopping in the art cities is a must. If you prefer nature, consider a route through the Alps or Dolomites.

Giovanni: Ottimi consigli! Forse farò un mix, qualche città storica e un po' di natura. Mi piacerebbe anche provare il cibo locale in ogni regione.
Great advice! Maybe I'll do a mix, some historic cities and a bit of nature. I'd also love to try the local food in each region.

Elena: Assolutamente! Ogni regione ha le sue specialità culinarie. In Emilia-Romagna devi assolutamente provare il ragù, e in Campania la pizza è da non perdere!
Absolutely! Every region has its culinary specialties. In Emilia-Romagna, you must try the ragù, and in Campania, the pizza is not to be missed!

Giovanni: Perfetto, suona delizioso! Non vedo l'ora di iniziare questo viaggio.
Perfect, sounds delicious! I can't wait to start this trip.

Elena: Sarà un'avventura fantastica! Buon viaggio!
It's going to be a fantastic adventure! Have a great trip!

140. Descrivere il Carnevale di Venezia
Describing the Venice Carnival

Francesca: Ciao Marco! Sei mai stato al Carnevale di Venezia?
Hi Marco! Have you ever been to the Venice Carnival?

Marco: Ciao Francesca! Sì, ci sono andato l'anno scorso ed è stato davvero spettacolare. Le maschere e i costumi erano incredibili!
Hi Francesca! Yes, I went last year, and it was truly spectacular. The masks and costumes were incredible!

Francesca: Dev'essere un'esperienza unica. Come sono le maschere da vicino?
It must be a unique experience. How are the masks up close?

Marco: Sono stupende, ogni dettaglio è curato alla perfezione. Alcune sono tradizionali, in stile barocco, altre più moderne e creative. È come essere in un altro mondo.
They're amazing, every detail is crafted perfectly. Some are traditional, in a baroque style, while others are more modern and creative. It's like being in another world.

Francesca: Che bello! E le feste? Ho sentito che ci sono molti eventi privati e balli in maschera.
That sounds amazing! And the parties? I've heard there are a lot of private events and masked balls.

Marco: Esatto, ci sono tantissimi balli in maschera, alcuni molto esclusivi nei palazzi storici. Ma anche per strada c'è un'atmosfera magica, con spettacoli e musica ovunque.
Exactly, there are so many masked balls, some very exclusive in historic palaces. But even in the streets, there's a magical atmosphere with performances and music everywhere.

Francesca: Dev'essere davvero un sogno. Pensi di tornarci quest'anno?
It must be a dream. Do you think you'll go back this year?

Marco: Sicuramente! Una volta che ci vai, è difficile non volerci tornare. Il Carnevale di Venezia è un'esperienza che ti resta nel cuore.
Definitely! Once you go, it's hard not to want to go back. The Venice Carnival is an experience that stays with you forever.

Francesca: Non vedo l'ora di andarci anch'io un giorno!
I can't wait to go one day!

141. Un Tour Gastronomico Italiano
An Italian Gastronomic Tour

Sara: Ciao Paolo! Ho sentito che hai fatto un tour gastronomico in Italia. Raccontami, com'è andata?
Hi Paolo! I heard you did a gastronomic tour in Italy. Tell me, how did it go?

Paolo: Ciao Sara! È stata un'esperienza incredibile. Ogni regione aveva qualcosa di unico da offrire, dal risotto alla milanese in Lombardia, fino ai cannoli in Sicilia.
Hi Sara! It was an incredible experience. Every region had something unique to offer, from risotto alla milanese in Lombardy to cannoli in Sicily.

Sara: Suona fantastico! Hai avuto un piatto preferito durante il tour?
That sounds amazing! Did you have a favorite dish during the tour?

Paolo: Sì, direi la bistecca alla fiorentina in Toscana. È stata cucinata alla perfezione, succosa e deliziosa! Ma devo ammettere che la pasta alla carbonara a Roma era quasi altrettanto buona.
Yes, I'd say the bistecca alla fiorentina in Tuscany. It was cooked to perfection, juicy and delicious! But I have to admit, the carbonara in Rome was almost just as good.

Sara: Mi fai venire fame solo a sentirti! E oltre al cibo, hai avuto modo di esplorare le città?
You're making me hungry just hearing about it! And besides the food, did you get to explore the cities?

Paolo: Certo! Visitare i mercati locali e i ristoranti è stato fantastico, ma anche scoprire le piazze e i monumenti ha reso il viaggio indimenticabile.
Of course! Visiting the local markets and restaurants was amazing, but exploring the piazzas and monuments made the trip unforgettable too.

Sara: Devo assolutamente fare un tour simile. Cibo e cultura, cosa c'è di meglio?
I absolutely have to do a similar tour. Food and culture, what could be better?

Paolo: Esatto! Non c'è niente di meglio che scoprire l'Italia attraverso i suoi sapori.
Exactly! There's nothing better than discovering Italy through its flavors.

142. Parlare di Corsi Universitari in Italia
Talking about University Courses in Italy

Martina: Ciao Luca, hai deciso quali corsi seguire all'università quest'anno?
Hi Luca, have you decided which courses to take at university this year?

Luca: Ciao Martina! Sì, ho scelto corsi di economia e diritto internazionale. Voglio approfondire la gestione d'impresa e capire meglio le dinamiche globali. E tu?
Hi Martina! Yes, I chose economics and international law courses. I want to dive deeper into business management and global dynamics. What about you?

Martina: Ho scelto comunicazione e marketing. Credo siano settori in crescita e utili per il futuro.
I chose communication and marketing. I think they're growing fields and useful for the future.

Luca: Ottima scelta! Hai visto i professori? So che alcuni hanno esperienza pratica.
Great choice! Have you checked the professors? I heard some have practical experience.

Martina: Sì, ho visto. Alcuni hanno lavorato in grandi aziende, mi entusiasma!
Yes, I saw. Some have worked in big companies, I'm excited!

Luca: Fantastico! I corsi qui offrono un bel mix di teoria e pratica. Sarà un anno interessante.
Fantastic! The courses here offer a great mix of theory and practice. It's going to be an interesting year.

Martina: Non vedo l'ora di iniziare!
I can't wait to start!

143. Acquistare Vino per una Cena Elegante
Buying Wine for an Elegant Dinner

Giulia: Ciao Marco! Devo comprare del vino per una cena elegante. Hai qualche consiglio?
Hi Marco! I need to buy wine for an elegant dinner. Any advice?

Marco: Ciao Giulia! Certo. Che tipo di cena è? Carne o pesce?
Hi Giulia! Of course. What type of dinner is it? Meat or fish?

Giulia: Carne, sto preparando un arrosto.
Meat, I'm making a roast.

Marco: Allora ti consiglio un vino rosso corposo, come un Brunello di Montalcino o un Barolo. Perfetti per accompagnare la carne.
Then I'd recommend a full-bodied red wine, like a Brunello di Montalcino or a Barolo. Perfect with meat.

Giulia: Ottimo consiglio! E se volessi un vino bianco per l'aperitivo?
Great advice! And what about a white wine for the appetizer?

Marco: Un buon Vermentino sarebbe ideale, fresco e leggero.
A good Vermentino would be ideal, fresh and light.

Giulia: Perfetto! Grazie mille, Marco. Farò un figurone!
Perfect! Thanks so much, Marco. I'll impress everyone!

Marco: Di niente! Buona cena!
No problem! Enjoy the dinner!

144. Chiedere Informazioni su un Bed & Breakfast
Asking for Information about a Bed & Breakfast

Andrea: Buongiorno! Vorrei chiedere informazioni sul vostro Bed & Breakfast.
Good morning! I'd like to ask for information about your Bed & Breakfast.

Receptionist: Certo! Come posso aiutarla?
Of course! How can I help you?

Andrea: Quali servizi sono inclusi nel prezzo?
What services are included in the price?

Receptionist: La colazione è inclusa, così come il Wi-Fi e il parcheggio. Le camere hanno anche aria condizionata e TV.
Breakfast is included, as well as Wi-Fi and parking. The rooms also have air conditioning and TV.

Andrea: Perfetto. E avete disponibilità per il prossimo weekend?
Perfect. And do you have availability for next weekend?

Receptionist: Sì, abbiamo alcune camere libere. Preferisce una matrimoniale o una singola?
Yes, we have a few rooms available. Do you prefer a double or a single room?

Andrea: Una matrimoniale, per favore.
A double room, please.

Receptionist: Ottimo! La prenoto subito.
Great! I'll book it right away.

Andrea: Grazie mille!
Thank you so much!

Receptionist: A presto, arrivederci!
See you soon, goodbye!

145. Discutere i Giochi Olimpici Invernali Italiani
Discussing the Italian Winter Olympics

Luca: Ciao Elena! Hai sentito che le prossime Olimpiadi Invernali si terranno in Italia?
Hi Elena! Did you hear that the next Winter Olympics will be held in Italy?

Elena: Sì, che emozione! Saranno a Milano e Cortina, giusto?
Yes, how exciting! They'll be in Milan and Cortina, right?

Luca: Esatto! Sarà una grande opportunità per mostrare la bellezza delle nostre montagne e delle città.
Exactly! It'll be a great opportunity to showcase the beauty of our mountains and cities.

Elena: Non vedo l'ora di vedere le gare di sci e pattinaggio. Pensi che l'Italia abbia buone possibilità di vincere medaglie?
I can't wait to watch the skiing and skating events. Do you think Italy has a good chance of winning medals?

Luca: Assolutamente! Abbiamo atleti forti, specialmente nello sci alpino e nel pattinaggio di velocità.
Absolutely! We have strong athletes, especially in alpine skiing and speed skating.

Elena: Sarà incredibile vedere le competizioni dal vivo. Pensi di andare a vedere qualche evento?
It'll be amazing to see the competitions live. Do you plan to attend any events?

Luca: Mi piacerebbe molto! Sarebbe un'esperienza unica.
I'd love to! It would be a unique experience.

Elena: Concordo! Le Olimpiadi in Italia saranno un evento storico.
I agree! The Olympics in Italy will be a historic event.

146. Parlare di Film d'Autore Italiani
Talking about Italian Art Films

Giovanni: Ciao Maria! Hai mai visto qualche film d'autore italiano?
Hi Maria! Have you ever watched any Italian art films?

Maria: Ciao Giovanni! Sì, adoro i film di Fellini e Antonioni. Hanno uno stile unico e raccontano storie profonde.
Hi Giovanni! Yes, I love Fellini and Antonioni's films. They have a unique style and tell deep stories.

Giovanni: Sono d'accordo! Fellini è un maestro, specialmente con La Dolce Vita e 8 ½. Sono film che ti fanno riflettere.
I agree! Fellini is a master, especially with La Dolce Vita and 8 ½. They really make you think.

Maria: Esatto! E Antonioni, con L'Avventura e Blow-Up, esplora l'alienazione e la complessità dei rapporti umani in modo così sofisticato.
Exactly! And Antonioni, with L'Avventura and Blow-Up, explores alienation and the complexity of human relationships in such a sophisticated way.

Giovanni: Hai ragione. Anche i film di Pasolini sono incredibili, come Il Vangelo secondo Matteo. È un regista che non ha paura di affrontare temi controversi.
You're right. Pasolini's films are also incredible, like The Gospel According to St. Matthew. He's a director who isn't afraid to tackle controversial topics.

Maria: Sì, Pasolini ha un approccio davvero provocatorio. E poi c'è Tornatore, che con Nuovo Cinema Paradiso ha reso omaggio al cinema stesso.
Yes, Pasolini has a really provocative approach. And then there's Tornatore, who with Cinema Paradiso paid tribute to cinema itself.

Giovanni: Un film indimenticabile! I film d'autore italiani hanno davvero lasciato un segno nella storia del cinema.
An unforgettable film! Italian art films have truly made a mark in cinema history.

Maria: Assolutamente. Sono film che ti restano dentro e continuano a ispirare.
Absolutely. They're films that stay with you and continue to inspire.

147. Fare Domande su Programmi Televisivi Italiani
Asking Questions about Italian TV Programs

Alessia: Ciao Marco, conosci qualche programma televisivo italiano interessante da consigliarmi?
Hi Marco, do you know any interesting Italian TV shows you can recommend?

Marco: Ciao Alessia! Dipende da cosa ti piace. Sei più per serie drammatiche, commedie o talk show?
Hi Alessia! It depends on what you like. Are you more into dramas, comedies, or talk shows?

Alessia: Mi piacciono le serie drammatiche, ma ogni tanto anche un po' di commedia.
I like dramas, but I also enjoy a bit of comedy sometimes.

Marco: Allora dovresti provare Gomorra se ti piace il genere crime e drammatico. È una serie molto intensa sulla criminalità organizzata. Se vuoi qualcosa di più leggero, Boris è una commedia satirica sul mondo della televisione italiana.
Then you should try Gomorra if you like crime dramas. It's a very intense series about organized crime. If you want something lighter, Boris is a satirical comedy about the Italian TV industry.

Alessia: Gomorra sembra interessante! E di talk show, ce n'è qualcuno che guardi?
Gomorra sounds interesting! And are there any talk shows you watch?

Marco: Sì, Che Tempo Che Fa è molto popolare. Invitano spesso ospiti famosi, e trattano argomenti di attualità in modo intelligente.
Yes, Che Tempo Che Fa is very popular. They often invite famous guests and discuss current topics in a smart way.

Alessia: Perfetto, grazie! Ora ho qualche nuovo programma da guardare.
Perfect, thanks! Now I have some new shows to watch.

Marco: Di niente! Buona visione!
You're welcome! Enjoy watching!

148. Conversare con un Panettiere Italiano
Talking with an Italian Baker

Lorenzo: Buongiorno! Quel profumo è fantastico. Cosa stai sfornando oggi?
Good morning! That smell is amazing. What are you baking today?

Panettiere: Buongiorno! Oggi abbiamo appena sfornato del pane toscano e delle focacce. Vuoi assaggiare?
Good morning! Today we've just baked some Tuscan bread and focaccia. Would you like to try some?

Lorenzo: Certo! Il pane toscano mi piace molto. È senza sale, giusto?
Sure! I really like Tuscan bread. It's without salt, right?

Panettiere: Esatto, il pane toscano è tradizionalmente senza sale. Si abbina bene con affettati e formaggi.
Exactly, Tuscan bread is traditionally saltless. It pairs well with cured meats and cheeses.

Lorenzo: Interessante! E la focaccia? Ne fai di diversi tipi?
Interesting! And the focaccia? Do you make different kinds?

Panettiere: Sì, abbiamo la focaccia classica con olio e rosmarino, e una con pomodorini e olive.
Yes, we have the classic focaccia with olive oil and rosemary, and one with cherry tomatoes and olives.

Lorenzo: Tutto sembra delizioso. Prenderò una focaccia al rosmarino, grazie!
Everything looks delicious. I'll take a rosemary focaccia, thanks!

Panettiere: Ottima scelta! Ti piacerà sicuramente.
Great choice! You'll definitely love it.

Lorenzo: Non vedo l'ora di assaggiarla!
I can't wait to try it!

149. Parlare di Scultura Italiana
Talking about Italian Sculpture

Giorgia: Ciao Matteo! Hai mai visitato una mostra di scultura italiana?
Hi Matteo! Have you ever visited an Italian sculpture exhibition?

Matteo: Ciao Giorgia! Sì, sono stato a Firenze qualche mese fa e ho visto le opere di Michelangelo, tra cui il David. È impressionante dal vivo.
Hi Giorgia! Yes, I went to Florence a few months ago and saw Michelangelo's works, including David. It's breathtaking in person.

Giorgia: Deve essere stato incredibile! Michelangelo è uno dei maestri della scultura italiana. Hai visto anche altre opere?
That must have been amazing! Michelangelo is one of the masters of Italian sculpture. Did you see any other works?

Matteo: Sì, ho visto anche sculture di Donatello e Bernini. Donatello ha un tocco più delicato, mentre Bernini ha una drammaticità unica, specialmente nella sua opera Apollo e Dafne.
Yes, I also saw sculptures by Donatello and Bernini. Donatello has a more delicate touch, while Bernini's work is uniquely dramatic, especially in Apollo and Daphne.

Giorgia: Mi piacerebbe vedere quelle opere un giorno. Bernini è noto per catturare il movimento in modo straordinario.
I'd love to see those works one day. Bernini is known for capturing movement in an extraordinary way.

Matteo: Assolutamente. Le sculture italiane sono un vero tesoro artistico. Firenze e Roma sono le città ideali per ammirarle.
Absolutely. Italian sculptures are a real artistic treasure. Florence and Rome are the perfect cities to admire them.

Giorgia: Devo proprio organizzare un viaggio per scoprirle!
I really need to plan a trip to see them!

150. Acquistare Prodotti Italiani Online
Buying Italian Products Online

Carlo: Ciao Lucia! Sto cercando un sito per comprare prodotti italiani autentici online. Hai qualche consiglio?
Hi Lucia! I'm looking for a site to buy authentic Italian products online. Do you have any recommendations?

Lucia: Ciao Carlo! Certo, ci sono molti siti ottimi. Vuoi comprare cibo, moda o qualcosa di specifico?
Hi Carlo! Sure, there are many great sites. Are you looking for food, fashion, or something specific?

Carlo: Principalmente cibo. Sto cercando olio d'oliva, pasta artigianale e magari qualche formaggio.
Mainly food. I'm looking for olive oil, artisanal pasta, and maybe some cheese.

Lucia: Perfetto! Ti consiglio Eataly e Gusti Italiani. Hanno un'ampia selezione di prodotti tipici, e la qualità è ottima.
Perfect! I recommend Eataly and Gusti Italiani. They have a wide selection of typical products, and the quality is excellent.

Carlo: Ottimo! E per la consegna? È veloce?
Great! And how about delivery? Is it fast?

Lucia: Sì, di solito la consegna è abbastanza veloce, anche per prodotti freschi. Puoi scegliere tra varie opzioni di spedizione.
Yes, delivery is usually pretty fast, even for fresh products. You can choose from various shipping options.

Carlo: Perfetto, grazie mille! Non vedo l'ora di ordinare.
Perfect, thanks a lot! I can't wait to order.

Lucia: Di niente! Buon shopping!
You're welcome! Happy shopping!

Grazie Mille
Your Journey to Italian Mastery Begins Here

As you reach the end of "150 Italian-English Conversations," I want to extend my heartfelt thanks for embarking on this journey with me. Language learning is not just about memorizing words—it's about connecting with new people, cultures, and perspectives. With each conversation you've practiced, you've moved closer to unlocking the richness of the Italian language.

Remember, this is just the beginning. Keep practicing, keep speaking, and most importantly, enjoy the process. Language is a living thing—it grows as you grow. Don't be afraid to make mistakes; each one is a stepping stone to improvement.

I hope this book has given you the confidence and tools to continue mastering Italian. Stay curious, stay motivated, and keep exploring the beautiful world that language opens up.

Grazie mille e buona fortuna!
(Thank you very much and good luck!)

Hayasuf Jawa

Made in United States
North Haven, CT
09 July 2025